Dr. Karin Pirc · Wilhelm Kempe

Kochen nach Ayurveda

Köstliche Küche für ein langes Leben

FALKEN

Inhalt

Essen im Einklang mit den Naturgesetzen

Die Grundlagen des Ayurveda

Die Geschichte des Ayurveda

Das Wort „Ayurveda" bedeutet übersetzt das Wissen vom Leben oder auch die Wissenschaft vom langen Leben. Bei näherem Hinsehen entpuppt sich dieses uralte Wissen als eine Schatztruhe mit allgemeingültigen Weisheiten, die auch dem westlichen Menschen ein gesundes und glückliches Leben bis ins hohe Alter bescheren können. Wie ist dies möglich?

In den uns überlieferten Ur-Texten des Ayurveda steht Erstaunliches über die Entstehung dieses ganzheitlichen Heilsystems. Demnach gab es vor sehr langer Zeit Kulturen im Himalayagebiet, in denen die Menschen so gesund und vital waren, daß sie keine Krankheiten kannten. Als sie begannen, in Städten zu leben, traten die ersten körperlichen Leiden auf. Besorgt um das Schicksal der Menschheit, zogen sich daraufhin 50 weise Maharishis (Seher) in tiefe Meditation zurück, um zu ergründen, wie eine krankheitsfreie Gesellschaft zu schaffen sei. Während ihrer Meditation erkannten sie die Strukturen und Naturgesetze des Kosmos ebenso wie den Aufbau und die Funktionsweise des menschlichen Körpers und Geistes. Die geistige Entwicklung der Maharishis war so vollkommen, daß sie alle Empfehlungen und Ratschläge, die dem Menschen ein gesundes, harmonisches Leben bescheren, wahrnehmen konnten und im Laufe ihres Lebens mit großem Erfolg zum Wohle der Menschen anwandten.

Maharishi Ayur-Ved heute

Seit Jahrtausenden wird dieses kostbare Wissen von den Meistern des Ayurveda auf ihre Schüler weitergegeben. Die ersten schriftlichen Überlieferungen sind etwa 2700 Jahre alt.
Trotzdem sind während der vergangenen Jahrhunderte bedeutende Teile des ursprünglichen Wissens in Vergessenheit geraten. Aus diesem Grund haben sich in den letzten fünfzehn Jahren hervorragende Ayurveda-Ärzte und Textgelehrte Indiens auf Anregung von Maharishi Mahesh Yogi, im Westen als Begründer der Transzendentalen Meditation bekannt, zusammengetan, um

in jahrelanger Entwicklungsarbeit das ursprüngliche Wissen des Ayurveda anhand der alten Texte wiederzuerlangen. Ergänzt wird die Wiederbelebung des ursprünglichen Ayurveda durch den Einsatz westlicher Mediziner und anderer Naturwissenschaftler, die die uralten Aussagen einer wissenschaftlichen Prüfung nach den neuesten Methoden unterziehen. Diese ganzheitliche Fassung des Ayurveda wird der Deutlichkeit halber Maharishi Ayur-Ved genannt, denn sie bezieht sich ausdrücklich auf die tiefen Weisheiten ihrer Begründer, der Maharishis.
Diese kannten ganzheitliche Therapieformen, die die persönlichen Besonderheiten eines Menschen berücksichtigen und ihn an Leib und Seele gesunden lassen.

Die Ernährung im Maharishi Ayur-Ved

Ist der Maharishi Ayur-Ved schon wieder eine neue Ernährungslehre, die den ohnehin geplagten, gesundheitsbewußten Zeitgenossen mit Dogmen und Widersprüchen konfrontiert? Im Gegenteil – er ist ein ganz wunderbar umfassendes System von Ernährungsempfehlungen, die jedem Menschen gleich welcher Kultur die Augen dafür öffnen können, daß er als Teil der Schöpfung in die Gesetzmäßigkeiten der Natur eingebettet ist. Die Erkenntnisse des Maharishi Ayur-Ved bieten ihm dabei das Rüstzeug, die unendliche Vielschichtigkeit des Lebens bewußter wahrzunehmen. Denn sie beschreiben die Gesetzmäßigkeiten, die in der Natur immer wieder vorkommen.

Selbst wenn Sie als Bürger unserer sogenannten zivilisierten Welt das natürliche Feinempfinden bereits verloren haben, wird Ihnen das Wissen der alten Weisen helfen. Immer wieder haben mir meine Patienten gezeigt, daß sie in kürzester Zeit die Fähigkeit zurückgewannen, Zusammenhänge zwischen ihrer Ernährung und ihrem Wohlbefinden zu sehen, die sie zuvor nicht wahrgenommen haben. Auch Sie werden erkennen, daß es eine Vielzahl von verschiedenen Einflüssen auf Ihren Körper und Geist gibt, deren ideales Zusammenspiel dafür sorgt, daß Sie und Ihre Lieben gesund essen, gut verdauen und aus Ihrer täglichen Nahrung einen (fast) vollkommen gesunden Körper aufbauen können. In diesem gesunden und lebendigen Körper wohnt dann auch ein kraftvoller, optimistischer Geist, der Freude und Fröhlichkeit ausstrahlt und Liebe für alle Geschöpfe auf diesem Planeten empfindet.

Die individuelle Konstitution

Der geistige Bauplan

Im Maharishi Ayur-Ved ordnet man jedem Menschen eine individuelle Konstitution zu, das heißt, eine bestimmte körperliche und seelische Verfassung, die ihn von anderen Menschen unterscheidet. Kennt man diese, kann auch der Laie Besonderheiten seines Stoffwechsels, seines Verhaltens, seiner Stimmungen und Eigenarten besser verstehen. Und er kann genauer erkennen, wann er sich in Harmonie mit sich und seiner Umwelt befindet, oder wann er beginnen sollte, sein Gleichgewicht mit Hilfe einer ganz gezielten Ernährung wiederherzustellen.

Die Seher des Maharishi Ayur-Ved nahmen nicht nur die grobe, materielle Form aller Dinge wahr, wie wir sie mit bloßem Auge sehen. Sie beschrieben gleichzeitig viel tiefere Schichten, die sie auf der feinsten Ebene ihres Bewußtseins erkennen konnten. So fanden sie überall in der Schöpfung die drei Doshas (VATA, PITTA, KAPHA), drei feine Steuerungskräfte, deren geordnetes Zusammenspiel alles in der äußeren Welt entstehen läßt. Die Doshas sind die Energien, die jeden menschlichen Körper hervorbringen und seine Funktionen regulieren. Körper und Geist sind im Maharishi Ayur-Ved ein und dasselbe, denn sie entspringen dem gleichen Bauplan. Somit ist kein Einfluß der Doshas auf den Körper denkbar, der nicht gleichsinnig den Geist verändert, ebenso wie jeder geistige Impuls entsprechende Reaktionen im Körper hervorruft. Die harmonische, ungestörte Koordination der drei Doshas ist damit die wichtigste Voraussetzung für körperliche und geistige Gesundheit. Umgekehrt müssen die Doshas wieder ins Gleichgewicht gebracht werden, wenn Krankheiten entstanden sind.

Entdecken Sie Ihren individuellen Konstitutionstyp

Um die drei Doshas etwas genauer kennenzulernen, nehmen Sie nun mit dem folgenden Test auf den Seiten 11–13 eine erste Einschätzung Ihres individuellen, vorherrschenden Konstitutionstyps vor.

VATA ist das Bewegungsprinzip.
Ein ausgewogenes VATA bedeutet Energie, Wachheit, Schnelligkeit und Kreativität für den Körper ebenso, wie für den Geist.

Und so wird's gemacht:

Beantworten Sie alle Fragen der drei Testabschnitte. Die Ziffer 0 bedeutet „Nein, stimmt überhaupt nicht", die Ziffer 6 bedeutet „Ja, stimmt genau".

Berücksichtigen Sie bei der Beantwortung der Testfragen Ihr allgemeines Befinden im letzten Halbjahr, nicht nur das der vergangenen Woche. Kreuzen Sie dabei diejenige Ziffer an, die dem Grad der Zustimmung zu der jeweiligen Aussage am ehesten entspricht. Zählen Sie anschließend die angekreuzten Zahlen für jeden Testabschnitt getrennt zusammen, und stellen Sie so fest, bei welchem Dosha Sie die höchste Summe haben.

Testabschnitt VATA	nein						ja
Ich bin lebhaft und begeisterungsfähig	0	1	2	3	4	5	6
Ich bin gesprächig	0	1	2	3	4	5	6
Ich rege mich schnell auf	0	1	2	3	4	5	6
Ich bin leicht ängstlich und besorgt	0	1	2	3	4	5	6
Es fällt mir schwer, Entscheidungen zu treffen	0	1	2	3	4	5	6
Ich handele schnell	0	1	2	3	4	5	6
Ich gehe schnell	0	1	2	3	4	5	6
Ich kann Neues schnell aufnehmen	0	1	2	3	4	5	6
Ich kann schlecht etwas auswendig lernen und behalten	0	1	2	3	4	5	6
Ich schlafe schlecht ein und wache nachts oft auf	0	1	2	3	4	5	6
Ich habe oft trockene Haut, besonders im Winter	0	1	2	3	4	5	6
Ich bekomme leicht kalte Hände und Füße	0	1	2	3	4	5	6
Kaltes Wetter ist mir ungemütlich	0	1	2	3	4	5	6
Ich neige zu Blähungen oder Verstopfung	0	1	2	3	4	5	6
Ich habe einen leichten Körperbau und nehme schwer zu	0	1	2	3	4	5	6
Summe der Bewertungspunkte:							

PITTA ist das Hitze- und Stoffwechselprinzip. Ein ausgewogenes PITTA sorgt für eine optimale Verdauung, einen sehr klaren Verstand und für Zufriedenheit.

Testabschnitt PITTA	nein						ja
Ich habe einen scharfen Verstand	0	1	2	3	4	5	6
Ich neige zu Perfektionismus	0	1	2	3	4	5	6
Ich arbeite präzise und methodisch	0	1	2	3	4	5	6
Ich folge gern eigenen Vorstellungen und bin gelegentlich eigenwillig	0	1	2	3	4	5	6
Ich bin leicht ungeduldig	0	1	2	3	4	5	6
Ich bin ziemlich schnell gereizt und werde ärgerlich	0	1	2	3	4	5	6
Ich brause leicht auf, beruhige mich aber schnell wieder	0	1	2	3	4	5	6
Mein Haar hat folgende Merkmale: dünn, seidig, blond, rötlich, frühzeitig ergraut oder Haarausfall *	0	1	2	3	4	5	6
Ich habe eine gute Verdauung und vertrage jedes Lebensmittel	0	1	2	3	4	5	6
Ich kann mehr essen als die meisten Menschen meiner Größe	0	1	2	3	4	5	6
Bei Verzögerung oder Ausfall einer Mahlzeit fühle ich mich unwohl oder gereizt	0	1	2	3	4	5	6
Ich habe sehr regelmäßig Stuhlgang und nur selten Verstopfung	0	1	2	3	4	5	6
Ich schwitze leicht	0	1	2	3	4	5	6
Bei heißem Wetter fühle ich mich unwohl	0	1	2	3	4	5	6
Ich liebe kalte Speisen und gekühlte Getränke	0	1	2	3	4	5	6
Summe der Bewertungspunkte:							

* Treffen viele der genannten Merkmale auf Sie zu, so notieren Sie sich eine hohe Punktzahl – passen nur wenige Merkmale zu ihrem Haar, notieren Sie sich eine niedrige Zahl.

KAPHA ist für Struktur und Festigkeit verantwortlich. Ein ausgewogenes KAPHA verleiht dem Menschen Stärke, Ausdauer, Widerstandskraft, Stabilität und Ausgeglichenheit.

K

Testabschnitt KAPHA	nein						ja
Andere Leute empfinden meinen Charakter als angenehm	0	1	2	3	4	5	6
Es dauert lange, bis ich ärgerlich werde oder gereizt bin	0	1	2	3	4	5	6
Ich arbeite geruhsam und gemütlich	0	1	2	3	4	5	6
Mein Gang ist langsam, fest und sicher	0	1	2	3	4	5	6
Ich habe ein ausgezeichnetes Langzeitgedächtnis	0	1	2	3	4	5	6
Kühles, feuchtes Wetter und Nebel sagen mir am wenigsten zu	0	1	2	3	4	5	6
Meine Haut ist weich und sanft	0	1	2	3	4	5	6
Ich bin ein friedlicher Mensch und schwer aus der Fassung zu bringen	0	1	2	3	4	5	6
Mein Schlaf ist tief und fest	0	1	2	3	4	5	6
Bei weniger als acht Stunden Schlaf fühle ich mich tagsüber unwohl	0	1	2	3	4	5	6
Ich neige zu starker Schleimbildung in den Atemwegen und zu Völlegefühl	0	1	2	3	4	5	6
Ich neige zur Molligkeit	0	1	2	3	4	5	6
Ich nehme sehr schnell an Gewicht zu	0	1	2	3	4	5	6
Wenn ich sehr beschäftigt bin, kann ich leicht auf eine Mahlzeit verzichten	0	1	2	3	4	5	6
Mein Körperbau ist eher athletisch	0	1	2	3	4	5	6
Summe der Bewertungspunkte:							

Vergleichen Sie die Endsummen der drei Testabschnitte miteinander, und stellen Sie fest, bei welchem Fragenbereich Sie die höchste Punktzahl haben. Dieser Bereich besagt, von welchem Dosha Sie am stärksten beeinflußt werden.

Höchste Punktzahl bei VATA

VATA ist für jede Bewegung verantwortlich, für Atmung, Stofftransport und alle Ausscheidungen. Es reguliert den Herzschlag und die Nervenimpulse.

VATA-Menschen haben einen leichten Knochenbau und ein geringes Gewicht. Sie nehmen schwer zu und haben einen unregelmäßigen Appetit. Nicht selten sind die Augen größer als der Mund. Sie sind lärmempfindlich und reagieren heftig auf Klänge. Da VATA-Menschen leicht frieren, fühlen sie sich in der Hitze wohl und essen und trinken gerne Heißes. Sie sind flexibel, begeisterungsfähig, phantasievoll und gesprächig.

Höchste Punktzahl bei PITTA

PITTA ist das Stoffwechselprinzip schlechthin. Es ist verantwortlich für die Verdauung, die Nährstoffaufnahme im Darm und für die Regulation der Körperwärme, ebenso wie für die Sehschärfe und den Verstand. Menschen mit einer Dominanz von PITTA essen viel, vertragen in der Regel jede Nahrung und haben zwei oder drei Stuhlentleerungen täglich. Müssen sie eine Mahlzeit verschieben, sind sie leicht gereizt. Ihr Körperbau ist durchschnittlich. PITTA-Menschen sind gute Redner, können sehr gut strukturieren, sind ordentlich und erfinderisch sowie ehrgeizig und entscheidungsfreudig.

Höchste Punktzahl bei KAPHA

KAPHA hält die verschiedenen Körperstrukturen zusammen, es fördert Masse, Widerstandskraft und Fruchtbarkeit.

Menschen mit einer Dominanz von KAPHA haben einen kräftigen Körperbau mit ausgeprägter Muskulatur und einer Tendenz, leicht an Gewicht zuzunehmen. Ihr Immunsystem arbeitet gut, sie werden selten krank. KAPHA-Menschen sind ausdauernd – körperliche Arbeit und Bewegung tun ihnen gut. Geduld, Seelenstärke und Sanftmut zeichnen sie aus.

Alle Menschen sind Mischtypen

Nur wenige Menschen sind „reine Typen“. Lassen sie sich also nicht verwirren, wenn Sie bei sich VATA-, PITTA- und KAPHA-Anteile gefunden haben.

Haben Sie in zwei Testabschnitten eine ähnliche Punktzahl erreicht, dann sind Sie ein Mensch mit einer doppelten Dosha-Dominanz, von der es folgende drei Varianten gibt: VATA-PITTA, VATA-KAPHA und PITTA-KAPHA. Eher selten findet man Menschen, bei denen alle drei Doshas gleich stark ausgeprägt sind – sie zeichnen sich erfahrungsgemäß durch eine besonders große seelische und körperliche Belastbarkeit und eine auffallend gute Gesundheit aus.

Der Test hat Ihnen Ihren ganz persönlichen Ausprägungsgrad der drei Doshas gezeigt. Selbstverständlich ist dieses Ergebnis nicht starr. Alles, was Sie tun und erleben, was Sie essen und über die Sinne aufnehmen, beeinflußt die Ausprägung und das Zusammenspiel der drei Doshas. Daher kann man nur von der Dominanz eines Typs sprechen, denn Änderungen dieser Grundstruktur sind von vornherein gegeben. So verändert sich die Grundkonstitution eines Menschen im Laufe seines Lebens normalerweise durch erworbene Störungen – oder, was der eigentliche Sinn des Maharishi Ayur-Ved ist, durch eine Besserung in Richtung eines harmonischen Gleichgewichts.

Der Idealzustand der Doshas ist ihre Ausgeglichenheit. Dann fühlt sich ein Mensch rundherum wohl, ist gesund und glücklich. Oft überwiegt aber mindestens ein Dosha. Was das bedeutet, erfahren Sie im Anschluß.

Wenn Sie zuviel VATA haben

Ist das **VATA**-Prinzip im Organismus sehr stark, wird ein Mensch nervös. Sorgen, Ängste und Schlaflosigkeit sind die Folge. Oft neigen VATA-Menschen zu trockener Haut, spröden Haaren und brüchigen Fingernägeln, zu Verstopfung, Blähungen und schlechter Aufnahme der Nährstoffe in Darm und Körperzellen. Typische Leiden sind Erschöpfungszustände sowie kalte Hände und Füße. In Streßsituationen neigen diese Menschen dazu, sich nicht genügend auszuruhen, was weitere VATA-Störungen nach sich zieht. Selbst Menschen, die nur einen geringen VATA-Anteil in ihrer Grundkonstitution haben, weisen heutzutage sehr häufig VATA-Störungen auf, denn unser normaler Alltag ist geprägt von Unruhe, Zeitnot und Reizüberflutung.

Wenn Sie zuviel PITTA haben

Ein **PITTA**-Typ läßt sich nicht so schnell wie der VATA-Typ aus dem Gleichgewicht bringen. Ist er jedoch aus dem Lot, wird er zum Perfektionisten. Unter Streß neigt er zu Zornesausbrüchen, Ungeduld und Gereiztheit. Hautausschläge, empfindliche, gerötete und unreine Haut, sowie die Neigung zu Entzündungen, sind Anzeichen eines gestörten PITTA. Aber auch zügelloser Appetit deutet auf eine PITTA-Vermehrung hin.

Wenn Sie zuviel KAPHA haben

Aus dem Gleichgewicht geratene **KAPHA**-Menschen werden leicht übergewichtig. Häufig fühlen Sie sich dumpf und antriebsarm (Morgenmuffel!), werden schnell träge und depressiv. In diesem Zustand schlafen sie mehr als ihnen gut tut. Ein hoher Cholesterinspiegel, Wassereinlagerungen im Gewebe, Übelkeit und Völlegefühl, aber auch schleimiger Auswurf und Schnupfen sind typische Anzeichen einer KAPHA-Vermehrung im Organismus.

Die einfache Faustregel jeder ayurvedischen Therapie lautet: Alle Störungen werden ganz natürlich durch ihr Gegenteil ausgeglichen: Trägheit und Dumpfheit durch Aktivität und Bewegung, Kälte durch äußerliche Wärme, aber auch durch warmes Essen und heiße Getränke.

Maßgeschneiderte Kost für jeden

Der Maharishi Ayur-Ved geht davon aus, daß eine ganz bestimmte Kost niemals für alle Menschen gleichermaßen richtig und bekömmlich sein kann. Ganz im Gegenteil: Das Besondere dieser Ernährungslehre ist, daß sich in ihr die ganze Vielfalt der Natur widerspiegelt. Sie ist ein lebendiges, offenes System, das bei seinen Nahrungsempfehlungen die höchst unterschiedliche Stoffwechselleistung verschiedener Dosha-Typen berücksichtigt. Sie paßt sich außerdem ganz flexibel den Veränderungen der Verdauungskraft eines einzelnen Menschen an.

VATA-ausgleichende Nahrung

VATA wird durch vorwiegend warme, gekochte Nahrung, die mit Ghee zubereitet und von eher weicher Konsistenz ist, ausgeglichen. Das Essen sollte leicht verdaulich sein. Eine Prise scharfer Gewürze regt die Verdauungskraft an. Besonders süße, saure oder salzige Nahrung wirkt für dieses Dosha ausgleichend. Süße Früchte mit saftigem Fruchtfleisch oder eine warme Gewürzmilch sind ideal.

PITTA-ausgleichende Nahrung

Die Geschmacksrichtungen süß, bitter und herb gleichen PITTA aus. Ideal sind daher süßes Obst, leicht bittere Gemüsesorten und Dal-Gerichte. Saure Speisen bringen PITTA aus dem Lot. Auch für PITTA dominierte Menschen sind Milch und Ghee zu empfehlen. Als Zwischenmahlzeit eignet sich eine warme Gewürzmilch. Generell können Sie kühle Speisen und Getränke sowie Rohkost (in Maßen verzehrt) gut vertragen.

KAPHA-ausgleichende Nahrung

Warme Speisen und heiße Getränke sowie scharfe Gewürze kurbeln den langsamen KAPHA-Stoffwechsel an. Bitter schmeckende Speisen sowie Dal-Gerichte sind für dieses Dosha ideal. Die Mahlzeiten sollten klein und leicht sein, Fett sowie Zucker und Salz nur sparsam verwendet werden.

Agni – die individuelle Verdauungskraft

Manche Menschen vertragen einfach jede Nahrung – andere hingegen müssen sehr vorsichtig bei der Auswahl ihrer Lebensmittel sein. Diese Unterschiede berücksichtigt der Maharishi Ayur-Ved mit außergewöhnlicher Feinheit.

Die Verdauungsleistung des Körpers bezeichnet der Ayurveda als Agni, das Verdauungsfeuer, da bei jeder Stoffwechselaktivität Wärme entsteht. Agni steuert nicht nur die Verdauungstätigkeit im Magen-Darm-Trakt, sondern reguliert den gesamten Stoffwechsel bis hin zur Umformung unserer Nahrungsbestandteile in jeder einzelnen Körperzelle zu Energie oder zu neuen Körperbestandteilen.

Das Konzept von Agni unterscheidet die Ernährungslehre des Maharishi Ayur-Ved ganz wesentlich von anderen Ernährungslehren.

Natürlich ist es äußerst wichtig, was ein Mensch ißt. Mindestens genauso bedeutsam ist jedoch, wie er die Nahrung verdaut, d.h. was der Körper aus der Nahrung macht! Jeder Arzt sieht immer wieder Patienten, die offensichtlich eine ausgewogene, gesunde Nahrung zu sich nehmen, aber dennoch mit Vitaminen und Spurenelementen unterversorgt sind und sich müde und schlapp fühlen. In diesem Fall muß man Agni stärken, damit die zugeführten Nährstoffe auch tatsächlich aufgenommen werden.

Jeder Mensch wird mit einer mehr oder minder guten Verdauungsleistung geboren, abhängig von seiner individuellen Dosha-Verteilung. Menschen mit einer PITTA-Dominanz haben die stärkste Verdauungskraft. Sie schwitzen leicht, sind schnell hungrig, essen viel und haben täglich zwei oder drei Darmentleerungen. Das Agni von VATA ist sehr wechselhaft. VATA-Menschen essen einmal viel, einmal wenig und sie neigen zu Blähungen sowie zu Verstopfung. Die Stoffwechselleistung eines Menschen mit KAPHA-Dominanz hingegen ist langsam und träge. Er neigt zu Völlegefühl, hat täglich einmal Stuhlgang und nimmt leicht zu.

Zusätzlich stärken oder schwächen täglich eine große Zahl anderer Einflüsse unsere Stoffwechselleistung. Wie Sie in den nächsten Abschnitten sehen werden, gehören zu diesen Einflüssen neben körperlichen und seelischen Belastungen auch die Änderung des Wetters, der Tages- und der Jahreszeiten.

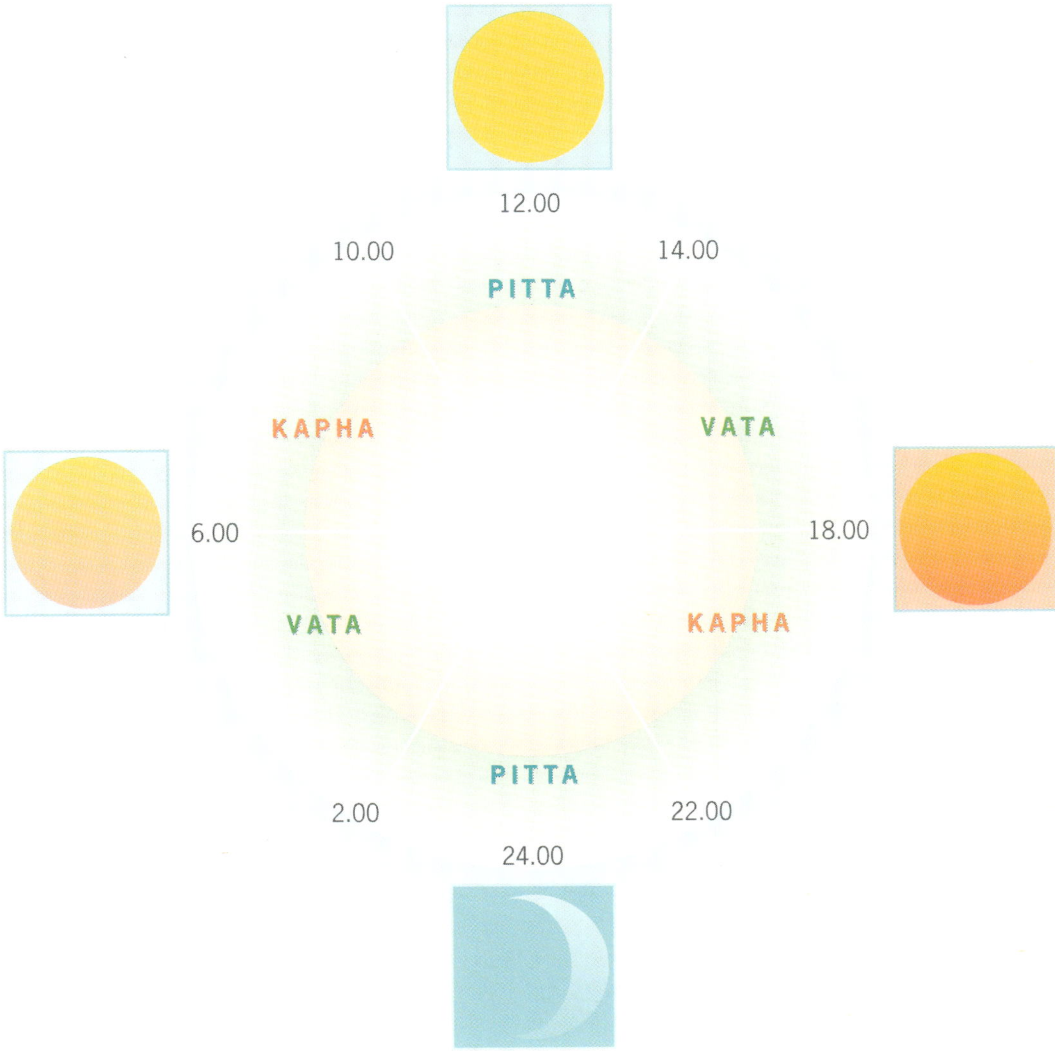

Essen im Einklang mit den Tagesrhythmen

Der Einfluß der Doshas verändert sich im Laufe eines Tages. Je höher die Sonne steht, desto angeregter ist der gesamte Stoffwechsel und damit auch Agni, das Verdauungsfeuer.

Am Vormittag zwischen 6 und 10 Uhr dominiert das gemächliche KAPHA-Element. Daher sollte das Frühstück leichtverdaulich sein, um den Vormittag nicht mit einem Schweregefühl zu belasten.

Strahlender Sonnenschein regt den Stoffwechsel intensiv an. Das PITTA-Dosha ist deshalb **am Mittag**, bei Sonnenhöchststand, am stärksten ausgeprägt und deshalb ist dann der Hunger am größten. Zur PITTA-Zeit kann auch schwere und reichhaltige Nahrung gut verdaut werden. Empfehlenswert ist es daher, die Hauptmahlzeit dann einzunehmen, wenn die Sonne im Zenit steht: gegen 12 Uhr mittags.

Am Nachmittag, zwischen 14 und 18 Uhr, herrscht VATA vor. VATA-Menschen fühlen sich dann leicht erschöpft und unruhig. Während dieser

Zeit ist heißes Wasser oder eine warme Gewürzmilch als kleine Zwischenmahlzeit zu empfehlen.

In den frühen Abendstunden, wenn der Tag zur Neige geht, kommt die ganze Natur wieder zur Ruhe – das KAPHA-Dosha dominiert erneut. Da die Stoffwechselleistung jetzt verlangsamt, ist ein besonders leichtes Abendessen für die Gesundheit optimal. Die alte deutsche Regel „Iß abends wie ein Bettelmann" spiegelt das Wissen um diese körperlichen Zusammenhänge wider.

Gegen Mitternacht ist wiederum PITTA aktiv – die geistigen Eindrücke des Tages werden im Schlaf verarbeitet. Trotz der PITTA-Dominanz zur Nachtzeit, sollte man im Einklang mit der Natur jetzt nichts mehr zu sich nehmen, denn die gesamte Natur ruht und damit ist auch unser Stoffwechsel verlangsamt.

Sehr früh am Morgen, zwischen 2 Uhr und 6 Uhr, werden wir von VATA beeinflußt. Da dieses Dosha für die Bewegung verantwortlich ist, empfiehlt es sich, noch in dieser Zeit aufzustehen, d.h. noch vor Sonnenaufgang. Der gesamte Stoffwechsel wird dadurch optimal angeregt und sorgt für einen guten Start in den Tag.

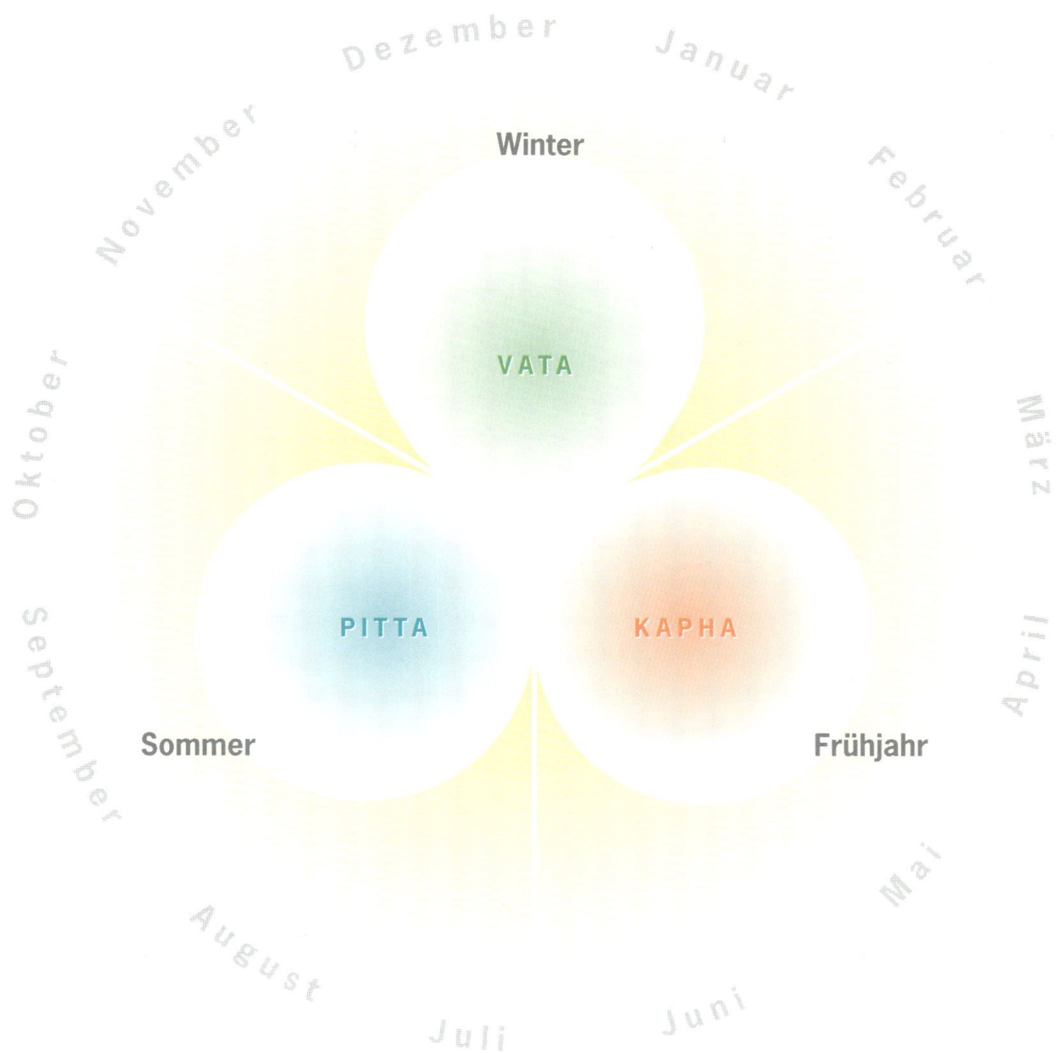

Essen im Einklang mit den Jahreszeiten

Die drei Doshas beeinflussen nicht nur Körper, Geist und Tageszeiten, sondern auch das Wetter, die Außentemperaturen und damit die jahreszeitlich bedingten Schwankungen des Stoffwechsels im Organismus der Menschen.

Während der Zeit der Schneeschmelze im **Frühling**, wenn es wieder wärmer wird, nimmt das KAPHA in der Natur ebenso wie im Organismus der Menschen zu. Dies ist der Beginn der Heuschnupfenzeit, der Frühjahrsgrippen und der Frühjahrsmüdigkeit, denn der recht langsame Stoffwechsel in dieser Jahreszeit begünstigt die Ansammlung von körpereigenen Schlacken. Daher ist es ideal, körperlich aktiv zu werden und weniger zu essen.

Der **Hochsommer** mit seiner intensiven Sonneneinstrahlung und seiner Hitze läßt PITTA zunehmen. Bei heißem Wetter sind die Menschen leicht gereizt und ungeduldig. Menschen mit empfindlicher Haut sollten sich vor einem Sonnenbrand schützen. Am Ende der PITTA-Jahres-

zeit treten gehäuft Magenschleimhautreizungen und -geschwüre oder Hautkrankheiten auf.

Im **Winter**, wenn es trocken und sehr kalt ist, dominiert VATA Geist und Körper. Die Haut wird trockener, das Wärmebedürfnis größer, die lange Dunkelheit vermehrt Ängste und Sorgen. Warme Milchbreie oder ausreichend gesunde Fette in den Speisen vermindern die gesteigerte Rauhheit und Trockenheit im Organismus.

Essen im Einklang mit dem Lebensalter

Der Einfluß der drei Doshas ändert sich auch im Laufe eines Menschenlebens.

Je jünger der Erdenbürger ist, desto stärker bestimmt KAPHA die Funktionsweise des Stoffwechsels. Kinder schlafen viel, haben große Augen, weiche Gesichtszüge und runde Körper-

Die drei Lebensalter

formen. Trotz des KAPHA-betonten Stoffwechsels können sie bei Hunger häufig am Tag essen, denn sie bewegen sich viel und regen damit ihren Stoffwechsel an.

Etwa ab dem vierzehnten Lebensjahr verschiebt sich das Funktionsmuster zunehmend in Richtung PITTA.

Das VATA-Prinzip dominiert den Organismus ab dem sechzigsten Lebensjahr zunehmend, die Verdauungskraft wird daher allmählich schwächer. Alles, was den Stoffwechsel aktiviert, ist gut für ältere Menschen: äußere Wärme und ausreichende Spaziergänge an frischer Luft, ebenso warme, fetthaltige Speisen und heiße Getränke.

Wie man die Doshas verschiedener Familienmitglieder ausgleicht

Nimmt man eine Mahlzeit in Gesellschaft ein, sind einige Einflüsse der Doshas auf alle Esser gleich: Tageszeit, Jahreszeit, Raumtemperatur und alle anderen Sinneseindrücke. Trotzdem hat jeder Mensch seine ganz individuelle Dosha-Verteilung, die idealerweise durch die Mahlzeit ausgeglichen werden soll. Wie kann man nun diese maßgeschneiderte Kost für verschiedene Familienmitglieder unter einen Hut bekommen? Des Rätsels Lösung ist ganz einfach. Kochen Sie so vielfältig wie möglich, am besten mehrere verschiedene Gemüsegerichte. Jeder wird sich dann nach seiner Vorliebe von dem einen Gericht mehr und von dem anderen weniger nehmen, ganz wie es seinem instinktiven Bedürfnis, die Doshas auszugleichen, entspricht. Die Unterschiede, die trotz allem zwischen den einzelnen Personen bleiben, können sehr gut durch Gewürze ausgeglichen werden, die erst bei Tisch hinzugegeben werden. Da der Umgang mit Gewürzen eine Kunst für sich ist, kann man gerade am Anfang fertige Churnas (= Gewürzmischungen) oder Tees einsetzen. Diese wurden von Maharishi Ayur-Ved-Ärzten so zusammengestellt, daß sie ein bestimmtes Dosha ganz gezielt ausgleichen. Dabei gleicht das VATA-Churna bzw. der VATA-Tee das gleichnamige Dosha aus, die PITTA-Gewürzmischung reduziert PITTA usw.

Wie Sie sehen, ist es also ganz einfach, die Doshas verschiedener Familienmitglieder auszugleichen.

Jeder Mensch ist in den Kosmos eingebettet

Im Maharishi Ayur-Ved betrachtet man als erstes immer das Grundmuster der Dosha-Verteilung eines Menschen und dessen Störungen. Um der großen Vielfalt der Natur gerecht zu werden, berücksichtigt man aber auch die ständige Wechselwirkung aller anderen äußeren und inneren Einflüsse auf den Menschen und seinen Stoffwechsel, wie zum Beispiel das Klima, die Tageszeit, die Jahreszeit, das Lebensalter sowie körperliche und seelische Belastungen.

All diese Faktoren wirken in sich überlagernden Mustern zusammen und bestimmen die Verdauungskraft und damit die Auswahl der gesundheitsfördernden Nahrung.

Dies alles gleichzeitig zu berücksichtigen, mag auf den ersten Blick nicht ganz einfach erscheinen. Sie werden aber bei näherer Beschäftigung mit dem Maharishi Ayur-Ved sehen, daß die Natur uns ein wunderbares Instrument mitgegeben hat, zu jedem Zeitpunkt die richtige Entscheidung zu treffen: unser inneres Feinempfinden und unsere innere Eingebung (S. 39). Diese wachsen ganz natürlich in dem Maße, in dem Sie sich auf die Erfahrungen mit dieser neuen Kostform einlassen.

Essen Sie im Einklang mit der Natur und Ihren Doshas

Will man ein zuviel oder zuwenig wirkendes Dosha ausgleichen und den Organismus in ein harmonisches Gleichgewicht bringen, kann man dies äußerst wirkungsvoll mit Hilfe der ganz besonderen Ernährung des Maharishi Ayur-Ved erreichen.

Erinnern Sie sich an das Kapitel „Der geistige Bauplan"? Die alten Meister haben die überall in der Natur wirksamen Einflüsse wahrgenommen und beschrieben. Demnach existiert nichts in der Schöpfung, das nicht durch das weise Zusammenspiel der drei Doshas gesteuert wird. Die besonderen Eigenschaften eines Lebensmittels, sein Aussehen und sein Geschmack, werden davon bestimmt, welche Doshas in seiner Natur am stärksten wirken. Auf diese Weise hat jede Nahrung einen Einfluß auf die Doshas der Person, die sie zu sich nimmt. Eine völlig identische Nahrung kann damit Ordnung oder Unordnung in das Dosha-Gefüge eines Menschen bringen, abhängig davon, wer sie wann verzehrt.

So ist es nur logisch, daß ein heißes Getränk, das aufgrund seiner Hitze den Stoffwechsel aktiviert, also PITTA verstärkt, gleichzeitig KAPHA und VATA ausgleicht, die beide einen kalten bzw. kühlenden Einfluß auf den Organismus haben. Diese Hitze ist also gut für Menschen, die ein Zuviel an VATA oder KAPHA haben, würde jedoch einen Menschen mit einem Übermaß an PITTA aus dem Gleichgewicht bringen. Sein überdies gesteigerter Stoffwechsel würde noch mehr angeregt werden, die übergroße Hitze ihn gereizt und ungeduldig machen.

Vollkornweizen, ein nachvollziehbar schweres Getreide, das gut geeignet ist, die Masse und Festigkeit des Körpers zu erhöhen, vermehrt automatisch KAPHA. Er ist also geeignet für die leichten, luftigen, VATA-betonten Menschen, die nervös und unruhig sind und schnell frieren. Umgekehrt verstärkt andauernder Weizenkonsum bei Menschen, die zu Trägheit, Lustlosigkeit und einem Schweregefühl neigen, eben diese Tendenz. Für KAPHA-betonte Menschen ist es daher ideal, immer mal wieder Gerichte mit leichteren Getreidesorten wie Gerste oder Hirse in den Speiseplan aufzunehmen.

Kennt man den eigenen Konstitutionstyp, so kann man auf diese Weise darauf achten, solche Doshas in ihrer Aktivität anzuregen, die zuwenig arbeiten und diejenigen zu besänftigen, die Körper und Geist durch ein Zuviel aus der Balance bringen.

Geschmack ist keine Nebensache

Der Geschmack wird normalerweise als eine eher zufällige Begleiterscheinung der Nahrung angesehen, die nichts mit ihrer gesundheitlichen Qualität zu tun hat. Dies ist im Maharishi Ayur-Ved ganz anders, denn der Geschmack zeigt die Zusammensetzung und die Wirkung der einzelnen Nahrungsbestandteile sehr deutlich.

Generell unterscheidet man im Maharishi Ayur-Ved sechs verschiedene Geschmacksrichtungen, die den drei Doshas zugeordnet werden.

Ein Mensch, bei dem VATA dominiert, sucht sich instinktiv Obstsorten aus, die süß sind und sehr viel Wasser enthalten, wie zum Beispiel Honigmelonen oder Pflaumen. Äpfel hingegen sind relativ trocken und haben eine deutlich herbe Komponente, die den Organismus der VATA-Typen weiter austrocknet, obwohl sie je nach Sorte saurer oder süßer sein können. Dieses Obst bevorzugen daher KAPHA-Menschen ganz spontan.

Schauen Sie sich das Schaubild der Geschmacksrichtungen immer wieder an, wenn Sie die Wirkungen bestimmter Nahrungsmittel auf Körper und Geist nachvollziehen wollen.

Wirkung der Geschmacksrichtungen auf die Doshas

	wird vermehrt durch:	wird reduziert durch:
VATA	scharf	süß
	bitter	sauer
	herb	salzig
PITTA	sauer	süß
	salzig	bitter
	scharf	herb
KAPHA	süß	scharf
	sauer	bitter
	salzig	herb

Essen Sie, was Ihnen schmeckt

Wunderbarerweise besitzt nun jeder von uns – unabhängig davon, über wieviel ayurvedisches Grundlagenwissen er verfügt – als eingebautes Meßinstrument seine individuellen Vorlieben und Abneigungen. Sie geben ihm unbewußt Auskunft über die Dosha-Verteilung der einzelnen Nahrungsmittel.

Jeder Mensch hat von Natur aus ein sicheres Gespür dafür, was gut für ihn ist und was nicht. Das menschliche Feinempfinden ist also sehr viel besser als sein Ruf! Unbeschwert von wissenschaftlichen Konzepten wählt fast jeder Mensch ganz instinktiv diejenigen Obst- und Gemüsesorten aus, die seine Dosha-Störungen ausgleichen. Umgekehrt lehnt er diejenigen mit der gleichen Treffsicherheit ab, die vorhandene Störungen weiter verstärken würden. Sind Ihnen zum Beispiel Apfelsinen und Zitronen grundsätzlich zu sauer (sauer vermehrt PITTA), können Sie davon ausgehen, daß Ihr PITTA bereits ausreichend angeregt ist. Eine weitere Steigerung des PITTA-Doshas könnte Sie ungeduldig machen oder zu Hautausschlägen führen. All dies sagt Ihnen Ihr Geschmackssinn ganz von selbst. Daher die ayurvedische Auswahlregel:

Folgen Sie beim Essen Ihren eigenen Vorlieben und Abneigungen!

Noch ein weiterer Grund spricht für diese höchst willkommene Essensregel. Die alten Maharishis wußten, daß Nahrung nur dann vom Körper optimal aufgeschlossen und verwertet wird, wenn sie wohlschmeckend ist. Essen, auf das man keinen Appetit hat (und sei es noch so gesund), läßt die Verdauungssäfte nicht fließen und kann daher seinen vollen Wert für Seele und Körper nicht entfalten (S. 17).

Essen Sie, was Ihnen bekommt

Der Geschmackssinn ist als einziges Auswahlkriterium für uns Menschen häufig nicht mehr ausreichend. Nur allzuoft ist dieses angeborene Feinempfinden durch jahrelange, unnatürliche Gewohnheiten und unvernünftiges Eßverhalten verschüttet worden. Unsere gesunden Vorlieben für ein bestimmtes Lebensmittel kapitulieren aber auch nicht selten vor seelischen VATA-Schwankungen.

Daher ist folgende ayurvedische Ergänzungsregel äußerst sinnvoll: Essen Sie nicht nur, was Ihnen schmeckt, sondern achten Sie auch darauf, daß es Ihnen bekommt. Fühlen Sie sich nach Bananen (sie vermehren KAPHA) ausgeglichen und zufrieden, haben Sie Ihren Überschuß an VATA damit sehr gut ausgeglichen. Liegen sie Ihnen hingegen schwer im Magen, war das KAPHA der Bananen für Sie zuviel, es hat Ihre individuelle Verteilung der Doshas gestört.

Die Rezepte in diesem Buch sind so zusammengestellt, daß sie sehr abgerundete, ausgewogene Gerichte ergeben, die die Doshas ausgleichen. Die so zubereiteten Gerichte geben Ihnen das wunderbar leichte und dennoch angenehm sättigende Gefühl nach einer Mahlzeit. Je häufiger Sie diese positiven Erfahrungen beim Essen ayurvedischer Gerichte machen, desto bewußter wird Ihnen die wohltuende Wirkung der ayurvedischen Ernährung. Es wird Ihnen zur Selbstverständlichkeit, das Essen ganz spontan dazu einzusetzen, Ihr inneres Gleichgewicht zu bewahren und zu erhalten.

Essen Sie, was Sie gewohnt sind

Nahrung, die man seit der Kindheit gewohnt ist, ja sogar solche, die in der eigenen Kultur schon seit Generationen verzehrt wurde, sieht der Maharishi Ayur-Ved ganz allgemein als bekömmlicher an, als „fremde" Nahrung. So stellt im europäischen Raum der relativ schwerverdauliche Weizen für die meisten Menschen kein Problem dar. Der Magen-Darm-Trakt von Asiaten, die vorwiegend von weißem Reis leben, wäre mit Weizen als Dauerkost unter Umständen überfordert.

Ganz ähnlich verhält es sich auch mit der ayurvedischen Empfehlung, diejenigen Obst- und Gemüsesorten zu bevorzugen, die in der Region wachsen, in der man selbst lebt. Die Naturgesetze, die uns täglich beeinflussen, steuern auch die Entwicklung unserer Nahrungsmittel – Mensch und Natur werden so wieder eins. Ideal wären natürlich Lebensmittel aus dem eigenen Garten, denn hierbei würde zusätzlich die Umweltschädigung durch lange Transportwege reduziert. Deutscher Weizen sollte demnach dem Weizen aus Italien vorgezogen werden, ebenso heimische Erdbeeren exotischen Früchten.

Erntefrische Nahrungsmittel aus unserer Heimat sind ebenfalls bekömmlicher als solche, die von weither aus ganz anderen Klimazonen kommen. Wenn Sie sich an das Kapitel über Klima und Jahreszeiten erinnern (S. 21), liegt der Grund dafür auf der Hand: Die Doshas, die das Wachstum einer Pflanze reguliert haben, wirken auf die Menschen durch die Pflanze in gleicher Weise.

Es gibt allerdings auch Ausnahmen dieser Regel, die Nahrungsmittel möglichst aus der heimatlichen Region zu wählen: Apfelsinen, Zitronen, Ingwer und Basmatireis sind für alle Menschen empfehlenswert, da sie leichtverdaulich sind und positiv auf den Gesamtorganismus wirken, selbst wenn sie in anderen Regionen kultiviert wurden. Folgen Sie diesen Regeln so oft wie möglich, aber nur solange es Ihnen Freude macht. Grundsätzlich sollten Sie alle ayurvedischen Empfehlungen

in der Weise befolgen, daß Sie sich dadurch bereichert, aber niemals eingeengt fühlen. Denn letztlich dreht sich im Maharishi Ayur-Ved alles um die Zufriedenheit und das Glücksgefühl von Körper und Geist. Ein körperlich und seelisch verspannter Mensch, der nur mit dem Kopf ißt und sein Essen nicht in vollen Zügen genießt, verdaut die Nahrung nicht gut. So ist die Freude am Essen auf jeden Fall das oberste Gebot der ayurvedischen Ernährungsempfehlungen.

Der tiefere Sinn der Ernährung

Die moderne Ernährungswissenschaft hat uns gelehrt, gesunde Nahrung lediglich nach der Menge an vorhandenen Vitaminen, Spurenelementen, Kalorien, Fetten, Eiweißen und Kohlenhydraten zu messen. Seit neuestem wird sie auch nach dem Ausmaß der Bindungsfähigkeit für freie Radikale beurteilt (S. 37).

Dies ist dem Maharishi Ayur-Ved bei weitem nicht genug. Die richtige und bewußte Ernährung spielt eine entscheidende Rolle für das Gleichgewicht von Körper und Geist. Der menschliche Körper ist nach ayurvedischer Auffassung die Materie, in der das höchste Bewußtsein entwickelt werden kann. Die Ernährung bildet eine der wesentlichen Grundlagen dafür, schließlich liefert sie die Bausteine für den Körper. Wenn die Nahrung richtig und gründlich verdaut wird, wenn Agni optimal funktioniert, erhält der Mensch alle Stoffe, die er benötigt, um gesund und glücklich zu sein. Nur ein gesunder Körper kann einen gesunden Geist in sich tragen. Er ist somit die Basis dafür, daß ein Mensch dauerhaft höhere Bewußtseinszustände entwickeln kann.

Ama – körpereigene Gifte

Ama ist der Sammelbegriff des Maharishi Ayur-Ved für alle Substanzen, die den Organismus belasten, egal welchen Ursprungs sie sind.
Ama entsteht dann, wenn die Verdauungskraft des Körpers nicht ausreicht, die angebotene Nahrung vollständig zu verstoffwechseln. Im ungünstigsten Fall überzieht sich der Körper innerlich nach und nach mit einer Schicht von Verdauungsresten, die den reibungslosen Stofftransport behindern. Um dies zu unterbinden, gehören zur ayurvedischen Ernährungslehre alle Empfehlungen, die Agni anregen und somit eine optimale Verdauungskraft sicherstellen.
Ama sind auch Schadstoffe, die von außen mit der Nahrung zugeführt werden, wie Pestizide, Schwermetalle oder andere Umweltgifte. Die Nahrung sollte daher möglichst aus unbelasteten Lebensmitteln bestehen.
Ama kann nach uralter ayurvedischer Auffassung auch geistigen Ursprungs sein. Für die Maharishis waren Körper und Geist eine untrennbare Einheit. Sie wußten, daß jeder geistige Eindruck die Körperchemie ändert.

Die moderne Medizin kennt das geistige Ama ebenfalls seit einigen Jahrzehnten: Als zuviel Salzsäure im Magen oder als Streßhormon Adrenalin. Macht sich ein Mensch Sorgen oder ist er zornig, werden Stoffe produziert, die den Körper belasten. Außerdem verringern negative Gefühle die Verdauungskraft Agni, so daß zusätzlich Ama entsteht, das sich nach und nach im Körper ansammelt.

Ama belastet Geist und Körper

Hat sich zuviel Ama angesammelt, kann der Stofftransport zwischen Zellen und Organen nicht mehr reibungslos funktionieren. Eine große Zahl verschiedener Befindlichkeitsstörungen stellt sich ein. Diese sollte auch der Laie kennen, denn sie zeigen ihm, daß er Ama abbauen muß, um auf Dauer gesund zu bleiben und sich wohlzufühlen.
Wenn der Organismus zuviel Ama angesammelt hat, fühlt sich der Mensch müde, schlecht gelaunt, lustlos und träge. Seine Augen und Finger sind, besonders morgens, geschwollen, die

Gelenke sind steif und er leidet zusätzlich unter Übelkeit, Blähungen, Verstopfung sowie Durchfall.

Sind diese Zeichen morgens vorhanden, und bessern sie sich im Laufe des Vormittags, wenn die Stoffwechselleistung durch das PITTA-Dosha aktiviert wird, sollten Sie auf die Suche nach der Ursache gehen. In der Regel haben Sie dann am Vortag etwas gegessen, was für Ihre Verdauungskraft zu schwer war. Beim Schlafengehen war es noch nicht völlig verdaut – und hat deshalb über Nacht Ama in den Körpergeweben vermehrt.

Durch die erhöhte Stoffwechselleistung am Mittag kann das Ama zum Teil wieder abgebaut werden.

Ein guter Stoffwechsel verlängert das Leben

Je intensiver Agni arbeitet, desto weniger Ama wird produziert. Wird Agni ausreichend angeregt, kann es sogar Ama wieder abbauen. Daher spielt die Stärkung der Verdauungs- und Stoffwechselkraft im Maharishi Ayur-Ved eine Schlüsselrolle. Arbeitet Agni kräftig und ungestört, so hat dies positive Auswirkungen auf den Gesamtorganismus: Ein Mensch mit einer guten Stoffwechselleistung, der die Nahrung gut verwertet, ist nicht nur kräftig, gesund und voller Energie, sondern er bleibt länger jung, ist optimistisch und geistig klar.

Die folgenden ayurvedischen Essensregeln zeigen Ihnen, wie Sie Ihr Agni stärken können.

Wege zu einer besseren Verdauung

Appetit ist gut – Hunger ist besser

Das Hungergefühl ist ein natürliches Startsignal, das zeigt, daß der Körper die vorige Mahlzeit vollständig verdaut hat und bereit ist, wieder neue Nahrung in Angriff zu nehmen. Es ist ein hervorragender Schutzfaktor für unser körperliches und geistiges Wohlbefinden – wenn man es beachtet!

Essen Sie ohne eindeutiges Hungergefühl, muten Sie Ihrer Verdauungskraft zuviel zu, ist Ihr Agni überfordert, so daß Ama entsteht. Die meisten Menschen merken dies spontan, denn nach einem solchen Essen sind sie müde und weniger leistungsfähig.

Kochen Sie nach den in diesem Buch enthaltenen Rezepten und achten Sie dabei auf Ihren individuellen Sättigungspunkt. Sie werden schon bald feststellen, daß Sie sich viel wohler fühlen. Nach einem ayurvedischen Essen sind Sie gestärkt und voller Energie.

Genießen Sie das Essen in jeder Beziehung

Positive Sinneseindrücke stärken die Verdauungskraft. Das ist auch der tiefere Sinn jeder Tischkultur. Essen Sie daher in angenehmer, schöner Umgebung, und decken Sie den Tisch liebevoll ein. Die geistige Entspannung und das Glücksgefühl beim Essen spielen eine überaus große Rolle für eine gute Verdauung.

Was gut schmeckt, ist gut

Beim Anblick wohlschmeckender Speisen „läuft einem das Wasser im Munde zusammen“. Die Vorfreude auf das Essen setzt aber nicht nur den Speichelfluß in Gang. Wie man aus wissenschaftlichen Studien weiß, werden in einer Reflexreaktion alle anderen Verdauungssäfte des Magen-Darm-Trakts gleichzeitig ausgeschüttet. Essen, auf das man sich freut, wird deshalb besonders gut verdaut. So kann der Körper die in der

Nahrung enthaltenen Bausteine optimal ausnutzen. Umgekehrt kann auch gesunde Nahrung negative Wirkungen entfalten: Wird sie mit innerer Abneigung gegessen, ist Agni geschwächt, so daß daraus sogar Ama entstehen kann! Daher ist das oberste Gebot für eine gesunde Ernährung: Sie soll nicht nur bekömmlich sein, sondern muß unbedingt gut schmecken!

Gut gekaut ist halb verdaut

Die erste Zerkleinerung der Nahrung findet bereits im Mund statt – mechanisch durch die Zähne und chemisch durch die Speichelenzyme. Durch gründliches Kauen wird die Nahrung besser aufgeschlossen und ist somit leichter verdaulich. Außerdem setzt gründliches Kauen viele natürliche Geschmacks- und Aromastoffe des Lebensmittels erst frei. So bekommt Ihr Organismus den vollen Wert der Nahrung. Sie nehmen den Geschmack der Nahrung deutlicher wahr, wodurch Ihnen Ihre Vorlieben und Abneigungen bewußter werden.

Warmes Essen ist gesund

Im Magen wird die im Mund vorverdaute Nahrung durch die Magensäure und Enzyme weiter zerlegt. Das PITTA des Magens braucht für seine optimale Funktion mindestens Körperkerntemperatur. Dies fand ein englisches Ärzteteam heraus, als es verschiedenen Menschen das gleiche Mittagessen vorsetzte, einmal heiß dampfend und einmal mit Kühlschranktemperatur. Sie kamen zu einem erstaunlichen Resultat: Das warme Essen wurde zügig vom Magen in den Zwölffingerdarm befördert, während das kalte Essen etwa 50 Minuten brauchte, bis es weitergeleitet wurde. Die Verdauungssäfte, die bereitgestellt wurden, sind zu diesem Zeitpunkt längst vom Darm wieder aufgenommen. Die nun ankommende Nahrung kann daher nicht mehr optimal verdaut werden. So muß man sich nach einem solchen Essen nicht über starke Blähungen und andere Verdauungsstörungen wundern. Deshalb leuchtet das einzige Veto des Maharishi

Ayur-Ved ein: **Essen oder trinken Sie nichts, was direkt aus dem Kühlschrank kommt.** Nichts schwächt die Verdauungskraft auf Dauer mehr und verursacht gleichzeitig massive VATA-Störungen.

Rohkost in Maßen

Bedingt durch unser detailliertes Wissen über die positiven Wirkungen der Vitamine, versuchen heute mehr und mehr Menschen möglichst viel rohe Kost zu verzehren, um die hitzeempfindlichen Vitalstoffe nicht zu zerstören. Nach ayurvedischer Auffassung ist dies jedoch eine sehr einseitige Betrachtungsweise. Zum einen vergißt man dabei völlig, daß ein Großteil der Vitamine aus Gemüse und Getreide in Cellulosefasern eingeschlossen ist, die der menschliche Magen-Darm-Trakt nicht aufschließen kann (die Kuh braucht dafür immerhin vier Mägen!). Vitamine, die während der Passage durch den Magen-Darm-Trakt in der Zellulosefaser eingeschlossen bleiben, nützen dem Körper verständlicherweise wenig. Sie sollten erst durch einen vitaminschonenden Kochvorgang, der die Faseranteile aufweicht, für den menschlichen Organismus nutzbar gemacht werden.

Wenn Sie Rohkost essen möchten, muß Ihr Agni stark sein. Ißt ein Mensch mit einer schwachen Verdauungskraft ständig Rohkost, kann er die Nahrung nicht optimal aufschließen. Deutliche Zeichen dafür sind Blähungen, Kältegefühl im Körper und Gewichtsverlust. Das gesteigerte Agni eines Menschen mit sehr viel PITTA kann hingegen auch kühlen Salat problemlos in seine Einzelbestandteile zerlegen.

Vollkornprodukte – aber richtig

Eng verbunden mit unserer vom Verstand gesteuerten Begeisterung für Rohkost ist der Siegeszug der Vollkornprodukte. Völlig zu Recht, wie die vielen Ernährungsstudien der letzten Jahrzehnte gezeigt haben. Gerade die Randschichten von Getreide und Reis enthalten wichtige Vitamine und Mineralstoffe. Trotzdem ist Vorsicht geboten, denn ganze Getreidekörner sind schwer verdaulich und sollten daher durch schonende Zubereitung aufgeschlossen werden. „Korn-an-Korn-Speisen" (Speisen aus ganzen Körnern) sind nach ayurvedischer Auffassung für den menschlichen Magen-Darm-Trakt überhaupt nicht geeignet. Daher wird das volle Korn im Maharishi Ayur-Ved grundsätzlich fein zermahlen, bevor man daraus köstliche Gerichte zaubert. Diese finden Sie im Rezeptteil in Form von Frühstücksbreien, Fladen zum Mittagessen oder leckeren Waffeln zum Abendbrot.

Die drei Gunas

Neben den drei Doshas haben die Maharishis drei noch feinere Eigenschaften der Natur beschrieben, die drei Gunas (= Eigenschaften) **Sattva, Rajas** und **Tamas.**

Sattva wird als das positive, aufbauende Prinzip der Natur verstanden. Menschen mit viel Sattva sind wahrheitsliebend, sie geben gerne, sind gelehrt, weise, tolerant, der gesamten Schöpfung gegenüber verständnis- und liebevoll eingestellt sowie von ausgewogener Gemütsverfassung.
Der Genuß sattvischer Nahrung verlängert nicht nur das Leben, sondern fördert eine positive Geisteshaltung im Alltag.

Sattvische Nahrungsmittel sind süß, ölig, leicht und kühlen den Organismus sanft. Dazu gehören Reis, Weizen, Honig, Kuhmilch, Lassi, Ghee, Mung-Dal, süße Mandeln und sonnengereifte Früchte sowie leichte und frische Lebensmittel.

Dominiert **Rajas,** ist ein Mensch mutig, tendiert aber auch zu Selbstlob, Rechthaberei, Intoleranz, und körperlicher Überanstrengung. Rajas vermehrende Nahrungsmittel erhitzen Körper und Geist. Sie erzeugen Ärger, Aggressionen und Ungeduld, stimulieren die Sexualität im Übermaß und erzeugen ein Brennen in verschiedenen Körperbereichen.

Rajas verstärkende Nahrungsmittel sind Kaffee, Tee, Paprika, reife Auberginen, Tomaten, Zwiebeln und Knoblauch.
Alle den Körper stark erhitzenden Gewürze wie zum Beispiel weißer Pfeffer und Cayennepfeffer verstärken ebenso Rajas wie Fleisch, Fisch, alter, salziger Käse und Alkohol.

Fleisch ist besonders schwer verdaulich, es vermehrt Rajas und Tamas. Medizinische Studien ergaben, daß der Verzehr von Fleisch die Entstehung vieler Krankheiten fördert und die Lebensspanne verkürzt.
Wenn es Ihnen schwer fällt, auf Fleisch zu verzichten, reduzieren Sie es schrittweise.
Ein Vegetarier sollte seine Nahrung besonders sorgfältig auswählen, damit sein Eiweißbedarf gedeckt ist. Der Maharishi Ayur-Ved empfiehlt daher Getreidegerichte mit Dal (S. 84–92) sowie Milchprodukte für den täglichen Verzehr.

Menschen mit einer **Tamasbetonten** seelischen Verfassung sind dumpf, was sich durch Trägheit, übermäßiges Schlafbedürfnis und Verlangen nach qualitativ schlechtem Essen zeigen kann. Dies sind Anzeichen dafür, daß das gesunde Feinempfinden für die eigenen seelischen und körperlichen Bedürfnisse nur mangelhaft vorhanden ist. Die Verdauung von Nahrungsmitteln mit einem Übermaß an Tamas benötigt zu viel Energie. Dies führt dazu, daß sich im Körper Ama ansammelt: Körper und Geist werden träge und dumpf. Langfristig gesehen, stellen sich Krankheiten ein.

Tamasische Nahrungsmittel sind Fleisch, Fisch, Eier, Essig, Erdnüsse, H-Milch und Konservennahrung sowie Lebensmittel, die verdorben, geschmacklos, überreif und zerkocht sind, die wieder aufgewärmt wurden oder die schlecht riechen.

Frische Nahrung verjüngt

Überall im menschlichen Körper befinden sich freie Radikale (hochaggressive Bruchstücke von Sauerstoffatomen), die das Gewebe schädigen und Zellveränderungen hervorrufen können. Sie sind verantwortlich für Arterienverkalkung, Gelenkverschleiß und Krebserkrankungen. Die moderne Ernährungswissenschaft fand heraus, daß fast alle bisher untersuchten Obst- und Gemüsesorten freie Radikale binden und dadurch den Alterungsvorgang des Organismus verzögern. Interessanterweise sind die vom Maharishi Ayur-Ved empfohlenen sattvischen Nahrungsmittel (S. 36) ausnahmslos hochwirksame Radikalfänger.
Die großen Seher haben also vor Jahrtausenden diese Zusammenhänge schon gekannt, auch wenn die Bezeichnung eine andere war. Die folgenden Empfehlungen könnten moderne Anweisungen sein, wie man freie Radikale durch die Nahrung bindet beziehungsweise nicht entstehen läßt.

♦ Früchte sollten im Idealfall bis zur vollen Reife am Baum beziehungsweise am Strauch bleiben. Sie entfalten dann nicht nur ihr volles Aroma, sondern auch die in ihnen wohnenden Heilkräfte bis zur Vollendung.

♦ Wieder aufgewärmtes Essen ist nach ayurvedischer Auffassung ungesund, es vermehrt Tamas. Beim Stehenlassen bereits gekochten Essens entstehen tatsächlich freie Radikale. Damit beschleunigt es die Alterung des Körpers.

♦ Nahrung sollte möglichst frisch zubereitet werden; vermeiden Sie nach Möglichkeit Tiefkühlkost und vor allem Konserven. Die fertigen Speisen sollten möglichst bald verzehrt werden.

♦ Optimal ist weichgekochte, aber keinesfalls verkochte Nahrung, denn die Nährstoffe sind so am besten verdaulich. Lassen Sie auch hier Ihr persönliches Geschmacksempfinden entscheiden.

Wenn Sie unterwegs sind und kein frisch zubereitetes Essen bekommen können, ist es möglich, es durch Zugabe von etwas Ingwer oder Ghee (S. 43 und 53) qualitativ aufzuwerten. Ghee fängt freie Radikale stark ab und Ingwer regt Agni an. Das Gleiche gilt für reine Getreidegerichte. Reis oder Weizen vom Mittag können Sie abends ohne Schaden wieder aufwärmen, wenn Sie sie in Ghee schwenken!

Heißes Wasser – das Lebenselixier

Damit Ihre Verdauung und Ihr Stoffwechsel ein Leben lang optimal arbeiten können, gibt der Maharishi Ayur-Ved einige wohlerprobte Empfehlungen, die Agni verbessern und gleichzeitig Ama abbauen.

◆ Nehmen Sie nach Möglichkeit vorwiegend warmes Essen und warme Getränke zu sich.

◆ Trinken Sie fünf- bis sechsmal täglich ein Glas klares, heißes Wasser.
Das heiße Wasser stärkt Agni und schwemmt Ama wirkungsvoll aus den Geweben. Schon nach einigen Tagen fühlen Sie sich seelisch und körperlich leichter.
Aber: Trinken Sie eine halbe Stunde vor und eineinhalb Stunden nach einer Mahlzeit kein Wasser, denn es verdünnt die Verdauungssäfte und schwächt somit Agni.

◆ Richten Sie sich einen festen Tag pro Woche ein, an dem Sie nur flüssige Nahrung zu sich nehmen (zum Beispiel Säfte und Suppen). Milchbreie sollten an diesem Tag allerdings nicht gegessen werden. Trinken Sie an diesem Tag halbstündlich etwas heißes Wasser.

Der regelmäßig durchgeführte Flüssigkeitstag verhindert, daß sich Ama ansammeln kann. Er beugt somit allen nur denkbaren Gesundheitsstörungen vor und verjüngt Körper und Geist. Probieren Sie es einmal aus: Spätestens am nächsten Tag fühlen Sie sich jünger und beschwingter. Alle Ama-Zeichen (S. 31 f.) sind nicht mehr so ausgeprägt.
Das regelmäßige Trinken von klarem, heißem Wasser und der wöchentliche Flüssigkeitstag haben einen weiteren Vorteil: Beides stärkt das innere Feinempfinden.

Das innere Feinempfinden stärken

Einer der wichtigsten Aspekte bei der ayurvedischen Ernährung ist das persönliche Feinempfinden. Das Besondere dieser Ernährungsform: Je mehr ein Mensch seine Doshas ausbalanciert, je mehr er also seiner eigenen inneren Natur wieder näherkommt, um so größer wird sein Feinempfinden. Ganz automatisch hat er vermehrt Appetit auf Essen, das Geist und Körper aufbaut.
Die Selbstdisziplin, die sonst bei sehr vielen Ernährungslehren notwendig scheint, ist beim Maharishi Ayur-Ved nicht notwendig, da diese Ernährung den natürlichen Bedürfnissen der

einzelnen Menschen entgegenkommt. Druck und Entsagung sind bei der Umstellung auf diese neue Kostform tabu. Machen Sie die Dinge, die Ihnen Spaß machen. Essen Sie, was Ihnen schmeckt und Freude, Wohlbefinden sowie ein harmonisches Gleichgewicht in Körper und Geist hervorruft. Lesen Sie die Empfehlungen des

Maharishi Ayur-Ved von Zeit zu Zeit wieder nach, und setzen Sie sie allmählich um. Dann werden Sie merken, daß Ihr Körper zunehmend nach gesunder, leichtverdaulicher Nahrung verlangt, weil er das positive Gefühl der Leichtigkeit, Zufriedenheit und Energie wiederholen möchte.

Alle Therapieformen des Maharishi Ayur-Ved bewirken, daß sich Agni verbessert und Ama abgebaut wird. So beleben regelmäßige Bewegung, Yogaübungen, Transzendentale Meditation und Panchakarma (körperliche Reinigungsverfahren) die inneren Organe. Sie fördern die Verdauung und die Nahrungsaufnahme im Darm sowie in die Körperzellen. Gleichzeitig wächst das Feinempfinden des gesunden Organismus – ganz von selbst verlangen Körper und Geist zunehmend nach Nahrungsmitteln und Lebensweisen, die im Einklang mit der Natur sind.

Nahrung ist die beste Medizin

Einer der Hauptsätze des Maharishi Ayur-Ved lautet sinngemäß: Jede Nahrung ist Medizin – wer richtig ißt, braucht keine zusätzliche Medizin. Dies macht uns die Heilkräfte der täglichen Nahrung wieder bewußt. Ernährung wird im Maharishi Ayur-Ved also im Idealfall vorbeugend eingesetzt, um das Auftreten von Krankheiten von Anfang an zu vermeiden. Haben sich bereits Gesundheitsstörungen eingestellt, können auch diese durch eine sinnvoll zusammengestellte Heilnahrung – die auch sehr gut schmeckt – positiv beeinflußt werden.

Ist die Verdauungstätigkeit des Organismus unzureichend, ist es sinnvoll, die Funktion des Magen-Darm-Trakts mit Maharishi Ayur-Ved Nahrungsergänzungen aus Gewürzen und Heilkräutern anzuregen.

Eine Sonderstellung nehmen dabei die **Rasayanas** ein. Dies sind überlieferte Heilrezepturen zur Verjüngung von Körper und Geist. Wissenschaftliche Forschungen ergaben, daß das Rasayana „Maharishi Amrit Kalash" freie Radikale beispielsweise 1000mal mehr bindet als die Vitamine A, C und E. Es verbessert die Aufnahme der Nahrung sowie die Funktionen des Gesamtorganismus meßbar. Mattigkeit, Erschöpfung und Lebensunlust verschwinden.

Letztlich sind alle vom Maharishi Ayur-Ved gegebenen Ernährungsempfehlungen eine Anleitung dazu, Essen zum **Rasayana** werden zu lassen, also die körperlich-geistigen Heiltendenzen der Nahrung zu verbessern.

Kleine Nahrungsmittelkunde

Damit Sie sich einfach und leicht auf die ayurvedische Kost umstellen können, lesen Sie im folgenden einiges über die vom Maharishi Ayur-Ved besonders empfohlenen Grundnahrungsmittel.

Reis

Reis ist trocken, süß und wirkt kühlend. Er fördert Sattva, und somit eine liebevolle und auf höhere Ziele ausgerichtete, geistige Grundhaltung. Er liefert die Vitamine A und B sowie viele Spurenelemente, sofern er nicht geschält und poliert wird. Unter allen Reissorten wird Basmatireis vom Maharishi Ayur-Ved als besonders hochwertige Reissorte geschätzt.
Basmatireis ist besonders leicht verdaulich. Im Gegensatz dazu würde Vollkornreis nach ayurvedischer Auffassung den menschlichen Darmtrakt auf Dauer überlasten.

Dinkel und Weizen

Dinkel und Weizen sind süß und schwer und wirken kühlend. Da diese Getreideart in Europa schon seit Jahrtausenden kultiviert wird, hat sich unser Körper daran gewöhnt, obwohl sie schwer verdaulich ist. Sie fördert KAPHA und vermindert VATA sowie PITTA. Weizen und Dinkel sollten nicht als frisches Korn verzehrt, sondern zuvor mindestens vier Monate lang gelagert werden.
Besonders gut eignet sich das Getreide in feingemahlener Form als Brot, Waffeln, Fladen oder Pfannkuchen. Sehr leicht verdaulich und sehr schmackhaft ist dieses Getreide auch als Vollkornthermogrütze, Grieß oder Couscous. Weizen enthält Vitamin A, alle Vitamine der B-Gruppe, sowie Vitamin E, hochwertige Aminosäuren und wertvolle Spurenelemente.

Gerste, Hirse, Buchweizen und Mais

Gerste ist ein sattvisches Getreide, das KAPHA vermindert. Sie lindert Verstopfung und senkt den Cholesterinspiegel. Gerstenmehl kann sehr gut das Weizenmehl im Rezeptteil ersetzen, oder Sie nehmen geschrotete Gerste als Basis für Getreidesuppen. Hirse, Buchweizen und Mais verringern ebenfalls KAPHA und erhöhen VATA, denn sie sind sehr trocken. Sie können gelegentlich in den Speiseplan aufgenommen werden, insbesondere von Personen mit einem höheren KAPHA-Anteil. Im Maharishi Ayur-Ved werden sie jedoch als untergeordnete Getreidearten geschätzt.

Hülsenfrüchte

Dal ist ein Gericht, das aus verschiedenen Hülsenfrüchten (Erbsen, Bohnen, Linsen) hergestellt werden kann. Die Hülsenfrüchte werden dabei mit so viel Wasser gekocht, daß sie eine suppige Konsistenz annehmen. Durch ausgesuchte Gewürzkompositionen werden sie leichtverdaulich und blähen nicht mehr.

Der Maharishi Ayur-Ved empfiehlt besonders geschälte, halbierte, gelbe Mung-Bohnen. Sie blähen nur minimal und beruhigen VATA. Dal-Gerichte werden vom Körper leicht aufgenommen. Sie geben ihm Stärke, Ausdauer und Leistungsfähigkeit.

Dal und Basmatireis, in einer Mahlzeit zusammen verzehrt, sorgen dafür, daß der Körper die wertvollen Proteine noch besser ausnutzen kann.

Honig und Zucker

Honig ist eines der sattvischsten Nahrungsmittel. Er fördert die Einheit von Körper und Geist und reduziert KAPHA. Wissenschaftlichen Studien zufolge kann er viele Krankheiten in ihrem Verlauf positiv beeinflussen. Achten Sie darauf, Honig nicht zu erhitzen. Ab 40°C verliert er nicht nur einen Großteil seiner gesundheitsfördernden Wirkungen, sondern wird den alten ayurvedischen Texten zufolge sogar ungesund.

Weißer, raffinierter Haushaltszucker produziert Ama, baut die Knochensubstanz ab und schwächt den gesamten Organismus. Darüber hinaus enthält er chemische Beistoffe und Bleichmittel.

Kandiszucker hat diese chemischen Verunreinigungen nicht. Sie können ihn daher in Tees verwenden.

Naturbelassene Zuckerarten haben gesundheitsfördernde Inhaltsstoffe, die man sich im täglichen Leben zunutze machen kann. Die Melasse von **Roh-Rohrzucker** enthält viele Vitamine und Mineralstoffe. Roh-Rohrzucker und die Melasse werden im Maharishi Ayur-Ved als exzellentes Stärkungsmittel angesehen, die vor vielen Krankheiten schützen, die Verdauung anregen und gut für Lungen und das Gedächtnis sind. Trotzdem: Mehr als etwa 3 Teelöffel reines Süßungsmittel pro Tag führen zur Bildung von Ama!

Ghee

Ghee ist Butterreinfett, dem beim Herstellungsvorgang Wasser und Proteine entzogen werden. Es verliert dadurch die allergieauslösende Komponente des Kuhmilcheiweißes und ist leicht verdaulich und wird auch extrem leicht vom Körper aufgenommen. Ghee ist sattvisch, denn es bindet freie Radikale besser als Vitamine dies können. Der Ayurveda benennt es als eines der wirkungsvollsten Rasayanas. Es verbessert die Gehirnfunktion und das Gedächtnis, hält die Gelenke geschmeidig, sorgt für eine wunderbar glatte, weiche, glänzende Haut und verlängert das Leben, wenn es regelmäßig verzehrt wird. Wie Sie Ghee selbst herstellen können, lesen Sie auf S. 53.

Olivenöl

Die Königin unter den Speiseölen ist hochwertiges, kaltgepreßtes Olivenöl – eine Aussage des Maharishi Ayur-Ved, die inzwischen von unseren Wissenschaftlern bestätigt wurde, denn Olivenöl ist der beste Radikalfänger unter den pflanzlichen Speiseölen. Es enthält das optimale Mischungsverhältnis von ungesättigten und gesättigten Fettsäuren für den Körper. Es senkt das schlechte LDL-Cholesterin, erhöht das gute HDL-Cholesterin im Körper, verdünnt das Blut, es senkt den Blutdruck und enthält außerdem chemische Stoffe, die Krebs verhindern und das Altern verzögern können.

Natürlich sind auch viele andere pflanzliche Speiseöle vorzügliche Heilmittel, die, je nach der eigenen Dosha-Verteilung, ausgewählt werden können.

Milch und Milchprodukte

Frische Milch ist ein weiteres Rasayana des Maharishi Ayur-Ved. Regelmäßig getrunken beugt sie dem gefürchteten Knochenschwund (Osteoporose) vor. Sie schützt vor Karies, senkt den Bluthochdruck sowie einen erhöhten Blutcholesterinspiegel und schützt vor Dickdarmkrebs.
Die ayurvedische Erklärung dieser Studienergebnisse: Sie beruhigt VATA sowie PITTA und wird sehr leicht vom Darm aufgenommen. Sie liefert dem Körper gesundes KAPHA und baut ihn auf, wie kaum ein anderes Nahrungsmittel. Der Maharishi Ayur-Ved empfiehlt, die Milch grundsätzlich heiß und mit Gewürzen, wie Ingwer, Kardamom und Gelbwurz, zu trinken, die Agni stimulieren.
Haben Sie eine Milchallergie, probieren Sie vorsichtig aus, ob Sie heiße Gewürzmilch oder Lassi vertragen. Diese Zubereitungsarten erhöhen die Verdaulichkeit der Milch so sehr, daß sie fast immer problemlos vertragen wird. Milch stellt eine Mahlzeit dar, sie zählt nicht zu den Getränken! Sie ist leicht verdaulich und daher als Zwischenmahlzeit gut geeignet. Kombinationen von Milch und Salz, Gemüse oder Früchten sieht der Maharishi Ayur-Ved als unverträglich an. Obst zusammen mit Sahne oder Gemüse mit saurer Sahne, können Sie hingegen unbesorgt genießen!

In den alten Texten findet man die Empfehlung, **Sauermilchprodukte,** wie zum Beispiel Joghurt, Dickmilch, Quark und Käse, nicht mehr als zwei- oder dreimal wöchentlich zu essen. Sollte Ihnen die Einschränkung der Sauermilchprodukte schwerfallen, reduzieren Sie diese Lebensmittel schrittweise. Verringern Sie zuerst den Verzehr der festen Käsesorten. Diese sieht der Maharishi Ayur-Ved als tamasisch an – eine brandneue medizinische Studie fand heraus, daß Hartkäse besonders viele freie Sauerstoffradikale enthält.

Lassi

Lassi ist ein Sauermilchgetränk, das traditionsgemäß aus selbsthergestelltem, frischem Joghurt, Wasser und Gewürzen zubereitet wird (S. 125). Es unterstützt den Aufbau einer gesunden Darmflora. Lassi wird zum Mittagessen getrunken oder als leichte Zwischenmahlzeit zwischen Mittag- und Abendessen gereicht. Frisch hergestellter Joghurt ist nur leicht angesäuert und wird durch die Verdünnung mit Wasser und die Zugabe von Gewürzen viel leichter verdaulich als käuflicher Joghurt.

Wissenschaftliche Studien der letzten Jahre zeigten, daß Joghurtgetränke verschiedene natürliche Antibiotika enthalten. Sie können Darmerkrankungen (Durchfall und Verstopfung) heilen, den Cholesterinspiegel senken, das Immunsystem stärken und krebsvorbeugend wirken sowie die Magenschleimhaut vor schädigenden Einflüssen, wie Alkohol und Nikotin, bewahren.

Obst

Dieses ist ebenfalls eine vom Maharishi Ayur-Ved bei Hunger empfohlene Zwischenmahlzeit. Obst ist so leicht verdaulich, daß es bereits nach ein bis zwei Stunden verstoffwechselt ist und daher den Körper zwischen zwei Hauptmahlzeiten nicht mit Ama belastet. Reifes, süßes Obst ist sattvisch und fördert alle positiven Eigenschaften des Lebens. Die Erkenntnisse der modernen Ernährungswissenschaft: Es besitzt Substanzen, die freie Sauerstoffradikale binden und dadurch den Verfall des Körpers verzögern. Alle Obstsorten liefern wichtige Mineralstoffe und Vitamine die in natürlicher Form vom Organismus wesentlich besser aufgenommen werden, als synthetisch hergestellte.

Gemüse

Gemüse gilt im Ayurveda als wichtige Beilage, die das Hauptnahrungsmittel Getreide ergänzt. Der Getreideanteil sollte jedoch überwiegen.

Durch den Verzehr von Gemüse werden der Blutcholesterinspiegel gesenkt, freie Radikale gebunden sowie das Risiko einer Krebsentstehung vermindert. Jede der bisher untersuchten Gemüsearten weist vielfältige Schutz- und Heilwirkungen bei verschiedenen Krankheiten auf. Der Maharishi Ayur-Ved empfiehlt vor allem Gemüsearten, die über der Erde wachsen und während ihrer Reifung viel Sonnenenergie aufgenommen haben. Diese liefern Körper und Geist das meiste Sattva. Wurzelgemüse, das unter der Erde wächst, sollte im Speiseplan selten auftauchen. Dazu gehört auch unsere Kartoffel. Sie macht den Geist dumpf und vermehrt gleichzeitig VATA.

Nehmen Sie statt der Haushaltskartoffel Süßkartoffeln (Topinambur), denn sie stören das VATA weniger, da sie weniger trocken, dafür süßer und außerdem wesentlich leichter sind. Leichtverdauliche Wurzelgemüsearten sind Karotten und rote Beten, deren rote Farbe anzeigt, daß sie viel Pitta und somit Agni liefern.

Im Rezeptteil des Buches sehen Sie, wie man Gemüse in köstliche Speisen verwandeln kann. Das Geheimnis liegt in dem Wissen, welche Gewürze zu welchem Gemüse passen und wie man beides zusammen kocht.

Kleine Gewürz- und Kräuterkunde

Gewürze und Kräuter sind die Juwele der ayurvedischen Küche. Sie verleihen den Mahlzeiten nicht nur einen guten Geschmack, sondern machen sie auch besser verdaulich. Die meisten Gewürze steigern Agni, wodurch weniger Ama beim Verdauungsvorgang entsteht.

Die Auswahl und die Menge der Gewürze überlassen Sie Ihrem persönlichen Feinempfinden. Es gilt folgende Faustregel: Je mehr KAPHA Sie haben, desto schärfer sollten Sie würzen. Je mehr VATA und PITTA vorhanden sind, desto sparsamer können Sie mit den Gewürzen umgehen.

Nachfolgend finden Sie eine Kurzbeschreibung der typischen ayurvedischen Gewürze und Kräuter. Diese sind mit Symbolen versehen, die ihre Wirkung auf die Doshas beschreiben (S. 52). Wenn Sie Ihren persönlichen Konstitutionstyp kennen, wird es Ihnen mit Hilfe der kleinen Gewürz- und Kräuterkunde nicht schwerfallen, ihre Gerichte so zu würzen, daß Sie Ihre übermäßig angeregten Doshas beruhigen und Ihre zu schwachen Doshas stärken können. Wenn Sie für Ihre Familie kochen, können Sie auf diese Weise die Mahlzeit auf den Konstitutionstyp jedes einzelnen abstimmen.

Ajwan (wilder Selleriesamen)

V – P + K –

Ajwan regt Agni an, verhindert Blähungen sowie Gärungsprozesse im Darm und unterstützt eine gesunde Darmflora. Er baut tiefsitzendes Ama, insbesondere im Verdauungs- und Atmungstrakt, ab. Ajwan sollte vor allem für schwerverdauliche Nahrungsmittel verwendet werden, wie beispielsweise für Gerichte aus Kichererbsen- und Weizenmehl.

Selleriesamen

Anis

V – P + K –

Anis stärkt Agni, wirkt entblähend sowie abführend und beruhigt den Darm. Es wirkt günstig bei Magen- und Darmbrennen und wirkt entwässernd. Anis wirkt schleimlösend und fiebersenkend und ist gut bei Asthma, Milz- und Gallenleiden. Außerdem heilt es Augenkrankheiten und wirkt schlaffördernd.

Asa foetida (Hing, Teufelsdreck)

V – P + K –

Dieses aromatische Harz wird aus einer Wurzel gewonnen. Man verwendet es wegen seines ausgeprägten Geschmacks nur in kleinen Prisen. Sie bekommen Asa foetida in der Regel pulverisiert und mit weißem Mehl gestreckt, wodurch es praktischer zu handhaben ist. Es wirkt gegen Blähungen und ist daher bei blähenden Speisen wie Dal- oder Kohlgerichten ein sehr gutes Gewürz. Es reinigt das Blut bei Hautkrankheiten sowie bei Asthma und wirkt schleimlösend.

Basilikum

Basilikum

V – P + K –

Dieses Kraut ist sehr sattvisch. Verwenden Sie es möglichst frisch. Es wirkt gleichzeitig beruhigend, nervenstärkend sowie krampflösend für Magen und Darm. Außerdem verbessert es die Nahrungsaufnahme im Darm und ist ein wirkungsvolles Fiebermittel bei Erkältung. Basilikum beseitigt überschüssiges KAPHA aus den Lungen und der Nasenschleimhaut.

Bockshornkleesamen und -blätter

V – P + K –

Neben seinen verdauungsfördernden Eigenschaften ist Bockshornklee gut bei einer Unterfunktion von Leber und Milz, ein gutes Tonikum bei Schwächezuständen und nervenstärkend. Er fördert den Haarwuchs und senkt den Blutzuckerspiegel. Bockshornkleesamen erzeugen starke Hitze und sind daher ein ideales Gewürz bei kaltem Klima und für Menschen, die leicht frieren. Sie haben einen leicht bitteren Geschmack, nehmen Sie daher nicht mehr als die vorgeschriebene Menge. Wenn dieses Gewürz in Milch verwendet wird, empfiehlt es sich, etwas Zucker hinzuzufügen, um den bitteren Geschmack zu neutralisieren.

Bockshornkleeblätter schmecken ganz besonders köstlich zu Dal- oder Kohlgerichten. Sie werden auch unter dem Namen Schabzigerklee gehandelt.

Fenchelsamen

V – P – K –

Fenchelsamen stärken Agni, ohne PITTA aus dem Gleichgewicht zu bringen. Sie beruhigen den Darm, lösen Krämpfe und vertreiben Blähungen. Gleichzeitig beruhigen sie die Nerven, fördern die Menstruation und die Milchbildung stillender Mütter. Übrigens: Fenchelsamen sorgen für einen frischen Atem, wenn Sie sie zwischendurch oder im Anschluß an ein Essen kauen.

Fenchelsamen

Gelbwurz (Kurkuma, Tumerik)

V + P + K –

Gelbwurz ist ein natürliches Antibiotikum, das die Verdauung stärkt und die Darmflora verbessert. Gleichzeitig verleiht es Energie und Wärme, regt die Leberfunktion und den Gallefluß an und wirkt stark blutreinigend, harntreibend sowie nervenstärkend. Außerdem unterstützt es die Eiweißverdauung und ergibt in Milch gekocht ein Hauttonikum. Gelbwurz sollte auf keinen Fall roh verzehrt werden.

Gelbwurz

Ingwer

V – K –

Eine Sonderstellung unter allen Gewürzen nimmt der Ingwer ein, da er die Verdauungskraft Agni stark anregt, ohne das PITTA-Dosha im Körper zu stören. In wissenschaftlichen Experimenten hemmte Ingwer die Blutgerinnung ähnlich wie Aspirin und schützt damit vor Herzinfarkt. Er senkt den Cholesterinspiegel, wirkt bei Übelkeit sowie Reisekrankheit, senkt den Blutdruck leicht und wirkt krebsvorbeugend. Darüber hinaus wird Ingwer im Maharishi Ayur-Ved genutzt, um Ama wirkungsvoll abzubauen. Er unterstützt die Verbrennung und Ausleitung von Giftstoffen über den Darm, wirkt verdauungsfördernd, entblähend, appetitanregend und pflegt die Darmflora. Er hilft gut bei verdorbenem Magen, Übelkeit und Brechreiz. Ingwertee ist ein hervorragendes Mittel gegen Erkältungen.

Verwenden Sie die frische Wurzel, sind seine Wirkungen besonders sanft. In pulverisierter Form schmeckt er schärfer, und die Wirkungen sind intensiver. 1 Teelöffel getrockneter Ingwer entspricht 1 Eßlöffel frischem Ingwer.

Kardamom

Kardamom

V – K –

Kardamom enthält Öle, die sehr schnell gegen Krämpfe und Magenübersäuerung helfen. Er wirkt schleimlösend, stärkt Agni, und ist gut bei nervösen Verdauungsbeschwerden. Er ist sehr sattvisch und somit ein Gehirntonikum für geistige Klarheit und gutes Gedächtnis, sowie Freude des Herzens. Eine Prise des Gewürzes kann die negativen Wirkungen vieler Nahrungsmittel aufheben.

Zusammen mit Kardamom kann Milch besser verdaut werden und wirkt weniger schleimbildend. Daher wird Kardamom bei Süßspeisen verwendet. In Kaffee und Tee genossen, vermindert er die negativen Wirkungen von Koffein und Teein.

Koriander

Koriander

V – P – K –

Koriander ist ein Kraut, das alle drei Doshas ausgleicht. Er fördert Agni, hilft bei Erbrechen, Asthma, Husten und allgemeiner Schwäche. Koriandersamen stärken den Körper und haben eine wohltuende Wirkung auf das Herz. Sie wirken stimulierend sowie krampflösend und fördern die Entwässerung des Körpers. Die im Koriandersamen enthaltenen Öle helfen bei der Verdauung von stärkehaltigen Speisen und von Wurzelgemüse.

Kreuzkümmel

Kreuzkümmel (Mutterkümmel, Cumin)

V – P – K –

Ebenso wie Koriander, regt auch Kreuzkümmel Agni an und gleicht trotzdem alle drei Doshas aus. Er eignet sich besonders, um die zu stark erhitzende Wirkung mancher Lebensmittel, wie Tomaten, Paprika und Chilischoten, auszugleichen. Er wirkt entblähend, reguliert die Darmflora, entgiftet, reinigt das Blut und stärkt Leber, Darm, Nieren sowie Gebärmutter.

Kala Jeera (schwarzer Kreuzkümmelsamen) ist kleiner und dunkler als normaler Kreuzkümmel. Er schmeckt bitterer und schärfer.

Kalonji (schwarzer Kümmel) ist der schwarze Samen der Nigella-Pflanze. Er verleiht dem Essen einen leichten Zwiebelgeschmack.

Muskat

V – P + K –

Muskat beruhigt Nerven und Geist. Er eignet sich besonders gut zusammen mit Milch vor dem Schlafengehen. Muskat ist eines der besten Gewürze, um die Nährstoffaufnahme besonders im Dünndarm zu verbessern. Er beseitigt Muskelkrämpfe im Bauchbereich und hilft bei unfreiwilligem Harnabgang. Muskat ist von tamasischer Natur (S. 37) und sollte daher, genau wie Knoblauch, vorsichtig dosiert werden.

Am besten reiben Sie den Muskat mit einer kleinen Muskatnußreibe direkt in das Gericht, da er nach dem Reiben sehr schnell sein typisches Aroma verliert.

Muskat

Salz

V – P + K +

Salz in kleinen Mengen verringert VATA, ist appetitanregend, verbessert die Nährstoffaufnahme im Darm und wirkt schleimlösend.

Im Übermaß genossen, stört es jedoch KAPHA und PITTA, verunreinigt das Blut und führt zu Hautkrankheiten sowie zu vorzeitiger Faltenbildung.
Der Maharishi Ayur-Ved empfiehlt vorzugsweise Steinsalz, eine besondere Art des Salinensalzes, das bei uns wegen seines Mineralreichtums so hochgelobte Meersalz erhitzt den Organismus nach ayurvedischer Auffassung zu sehr. Es stört PITTA und erzeugt die oben genannten Störungen.

Safran

V – P – K –

Ein einziger Safranfaden färbt eine ganze Speise leuchtend gelb. Der „König der Gewürze" ist sattvischer Natur und verleiht Liebe, Hingabe und Mitgefühl. Wegen seiner hitzeerzeugenden Eigenschaften eignet er sich besonders gut für kaltes Klima. Safran gilt als Aphrodisiakum, er regt Agni sehr gut an, wirkt leicht abführend, harntreibend und beseitigt leichte Kopfschmerzen. Er wirkt beruhigend auf alle drei Doshas und ist eines der besten Gewürze für eine gesunde Leber und Milz.

Schwarzer Senf

V – P + K –

Schwarze Senfkörner sind kleiner als die gelben. Sie verleihen dem Gericht einen scharfen Geschmack, stimulieren damit Agni und sind sehr nahrhaft.

Safran

Zimt

Schwarzer Pfeffer

V – P + K –

Dieses Gewürz ist eines der stärksten Mittel, um Agni anzuregen und dadurch Ama wirkungsvoll abzubauen. Pfeffer wirkt entblähend, entwässernd, entzündungshemmend und leicht fiebersenkend. Er reguliert den Wasserhaushalt des Darms und reinigt die Darmwände. Außerdem aktiviert er die im Körper bereits vorhandenen Nährstoffe, regt den Gallefluß an und hilft dadurch bei der Fettverdauung. Pfeffer liefert sattvische Energie.

Zimt

V – P – K –

Zimt ist besonders wohltuend für Menschen mit einer schwachen Gesundheit. Er ist, wie Ingwer, fast ein Universalmittel, wirkt jedoch milder. Zimt stärkt Agni, regt die Darmtätigkeit an und reinigt den Darm, wirkt blutreinigend, vermehrt die weißen Blutkörperchen (dies ist gut für die Immunabwehr) und fördert die Gedächtniskraft. Er ist gut bei Durchfall, Herzkrankheiten und Hautjucken. Des weiteren reguliert Zimt eine zu starke Menstruation und vermindert Schleim.

Merke: Der Maharishi Ayur-Ved empfiehlt, weißen Pfeffer, Chili, Cayennepfeffer und den europäischen Kümmel nur sparsam zu verwenden, da sie Agni so stark anregen, daß das PITTA-Dosha aus dem Gleichgewicht kommen kann.

Tips zu den Rezepten

♦ Die Rezepte sollen Ihnen zeigen, wie man mit einfachen Lebensmitteln eine köstliche ayurvedische Mahlzeit zubereiten kann, die Körper und Geist wieder in Einklang bringt.

♦ Das ayurvedische **Frühstück** fällt in die morgendliche KAPHA-Zeit, wenn die Verdauungskraft noch träge ist. Daher sollte es idealerweise besonders leicht verdaulich sein.

Für Menschen mit einer VATA-Dominanz eignen sich am besten warme Milchbreie oder leichtes, getoastetes Vollkornbrot mit süßem Aufstrich und einem heißen Getränk.

Das kräftige Agni eines PITTA-Menschen braucht auch morgens schon kräftige, lang vorhaltende Speisen. Getreidegerichte mit Milch und Ghee sind ideal.

KAPHA-Menschen bereiten sich am besten mit einem Frühstück aus frischen Früchten oder Fruchtsäften auf den Tag vor. Ebenfalls empfehlenswert sind heiße Gewürzmilch oder Knäckebrot zusammen mit einem heißen Getränk.

♦ Das **Mittagessen** wird zur PITTA-Zeit eingenommen, wenn Agni am stärksten ist. Ein ausgewogenes ayurvedisches Mittagsmenü beginnt wahlweise mit einem Dessert oder einem Salat. Im Anschluß daran folgt das Hauptgericht, das aus folgenden Komponenten zusammengesetzt ist: Getreidespeise, Dal, Gemüsegericht, Chutney. Den Abschluß bildet ein Lassi.

Im Idealfall sollte ein ayurvedisches Mittagsmenü alle Geschmacksrichtungen enthalten, damit das Essen bezüglich der Doshas ausgewogen ist.

♦ Nehmen Sie das **Abendessen** so früh wie möglich ein, idealerweise zwischen 17 und 19 Uhr. Wenn die Natur beginnt, sich zur Ruhe zu begeben, dominiert KAPHA. Die Verdauungskraft ist nicht mehr so stark, deshalb eignet sich ein leichtes Abendessen am besten. Besonders empfehlenswert sind warme Suppen, hefefreie Brote oder leichte, wohlschmeckende Getreide- sowie Reisgerichte. Für Menschen mit größerem VATA- oder PITTA-Anteil eignen sich ebenso die Milchbreie aus dem Frühstücksteil.

♦ Die Zutaten in den Rezepten sind so zusammengestellt, daß die fertigen Gerichte die Doshas so gut wie möglich ausgleichen. Sie können die Speisen also frei nach Ihrem eigenen Geschmack auswählen. Wie Sie mit den Rezepten ein zu stark ausgeprägtes Dosha vermindern oder ein zu schwaches stärken können, erfahren Sie im folgenden.

♦ In den Rezepten stehen neben den Hauptzutaten oft die **Dosha-Symbole,** die die Wirkung dieser Lebensmittel auf die individuelle Konstitution beschreiben. Sie können diese Wirkung verstärken, indem Sie, Ihrer Konstitution gemäß, von diesen Hauptzutaten mehr oder weniger verwenden.

Erklärung der Symbole: Die jeweiligen Doshas sind mit ihren Anfangsbuchstaben abgekürzt.

V steht für VATA, P für PITTA und K für KAPHA. Zusätzlich finden Sie direkt hinter diesen Buchstaben entweder ein „+“ oder ein „–“. Diese Zeichen machen die anregende oder besänftigende Wirkung des Lebensmittels auf das jeweilige Dosha deutlich.

So bedeutet zum Beispiel V +, daß VATA angeregt wird und V –, daß VATA besänftigt wird. Hat ein Lebensmittel keine anregende bzw. besänftigende Wirkung auf ein bestimmtes Dosha, wird das Symbol dieses Doshas nicht aufgeführt. Angenommen, Sie sind ein VATA-Typ und möchten den Frühstücks- „Dinkelbrei“ zubereiten. Neben der Zutat „Ghee“ finden Sie folgende Symbole: V – P – K +. Dies bedeutet, daß durch den Verzehr von Ghee Ihr VATA und Ihr PITTA besänftigt und Ihr KAPHA angeregt werden. Da dies für Ihre individuelle Konstitution sehr günstig ist (Sie müssen ja Ihr zu stark angeregtes VATA besänftigen), können Sie Ihr Dosha ausgleichen, indem Sie dem Gericht eine größere Menge Ghee hinzufügen.

♦ **Portionsmengen:** Die Rezepte im Kapitel „Frühstück“ sind für 1 Person berechnet, alle übrigen Rezepte ergeben 4 Portionen.

♦ Die **Zutatenmengen** beziehen sich immer auf die ungeputzte Rohware.

♦ Die in den Rezepten angegebene **Zubereitungszeit** faßt die Vorbereitungs- und die Garzeit zusammen.

♦ In den meisten Rezepten wird statt Butter, Margarine oder Öl das sogenannte **Ghee** verwendet. Es handelt sich hierbei um gereinigtes Butterreinfett, das hervorragende Kocheigenschaften besitzt und ein unverzichtbarer Bestandteil der ayurvedischen Küche ist, denn es ist sehr sattvisch.

Sie können Ghee selbst zubereiten: Geben Sie Butter in einen Topf und erwärmen Sie sie bei mittlerer Hitze. Lassen Sie die Butter dann offen leicht köcheln, bis sich ein weißer Bodensatz gebildet hat und das Fett darüber ganz klar ist. Sieben Sie das Ganze anschließend durch ein Küchentuch und lassen Sie das Ghee erkalten.

Zum Aufbewahren eignet sich am besten ein Glas mit Schraubverschluß oder ein Steinguttopf. Ghee sollte man kühl und lichtgeschützt lagern.

♦ **Gekonnt würzen:** Gewürze sollten idealerweise frisch gemahlen werden (z. B. im Mörser). Werden die Gewürze in heißem Ghee aufgeschlossen, wie es im Rezeptteil beschrieben ist, entfaltet sich nicht nur ihr volles Aroma. Ihre Heilkräfte und die Heilwirkungen des Ghee steigern sich zusätzlich. Die Nahrung wird so zu einer Medizin gegen Krebs und Arterienverkalkung und verjüngt den gesamten Organismus.

♦ **Zeitspartips:** Bei der Zubereitung ayurvedischer Gerichte können Sie sich mit folgenden technischen Hilfsmitteln die Arbeit erleichtern und Zeit sparen: ein Reiskocher (aus einem Asien-laden), ein Milch-Simmer-Topf, Getreidemahl- und Mixaufsätze für die Küchenmaschine.

Erklärung der Abkürzungen und Symbole:

cm	= Zentimeter	l	= Liter
EL	= Eßlöffel (gestr.)	ml	= Milliliter
TL	= Teelöffel (gestr.)	Msp.	= Messerspitze
g	= Gramm	°C	= Grad Celsius
kg	= Kilogramm	ø	= Durchmesser

Wohlschmeckendes Essen hält Leib und Seele zusammen

Frühstück

Das Frühstück fällt in die morgendliche KAPHA-Zeit, wenn die Verdauungskraft jedes Menschen noch träge ist. Daher sollte das ayurvedische Frühstück idealerweise besonders leicht verdaulich sein.

Frühstücks-Dinkelbrei

Für 1 Person

Zubereitungszeit: ca. 10 Minuten

250 ml Vollmilch	V – P – K +
3–4 gehäufte EL Dinkelgrieß	V – P – K +
ca. 15 Sultaninen	V – P – K +
1 TL Ghee	V – P – K +
1 Msp. Ingwerpulver	
1 Msp. Zimtpulver	

♦ Milch, Dinkelgrieß und Sultaninen in einem Topf unter Rühren erhitzen.

♦ Anschließend das Ghee sowie die Gewürze dazugeben und alles kurz aufkochen lassen.

♦ Das Ganze noch etwa 5 Minuten bei niedriger Hitze quellen lassen.

Variationen

♦ Den Frühstücksbrei können Sie auch mit jeder anderen Getreidesorte zubereiten.

♦ Verwenden Sie anstelle der Sultaninen getrocknete Feigen, Pflaumen oder Datteln.

♦ Als Gewürze eignen sich auch Gelbwurz, Anis, Fenchel oder Kardamom sehr gut.

♦ Über Nacht eingeweichte und im Mörser zerriebene Mandeln geben diesem Brei eine besonders feine Note und wirken auch noch nervenstärkend.

Gewürzmilch

Für 1 Person

Zubereitungszeit: ca. 5 Minuten

250 ml frische Vollmilch	V – P – K +
1 Msp. Ingwerpulver	
1 Msp. Gelbwurzpulver	
½ TL brauner Rohrzucker	V – P – K +

♦ Alle Zutaten zusammen aufkochen lassen und heiß servieren.

Variationen

♦ VATA-Menschen können noch 1 bis 2 Teelöffel Ghee oder 2 Teelöffel Mandelmus hinzugeben.

♦ PITTA-Menschen können ihr Dosha dadurch ausgleichen, daß sie ½ bis 1 Teelöffel PITTA-Churna hinzufügen.

♦ KAPHA-Menschen sollten nur die Hälfte der Milch nehmen und 125 ml Wasser, ½ Teelöffel Honig sowie etwas Kardamom hinzufügen.

Toast mit Dosha-Tee

Für 1 Person

Zubereitungszeit: ca. 10 Minuten

2 Scheiben Vollkornbrot
oder 2 halbe Vollkornbrötchen

2 TL Konfitüre oder kaltgeschleuderter Honig

Dosha-Tee

♦ Die Brotscheiben toasten und dünn mit Marmelade oder Honig bestreichen.

♦ Den Tee nach Packungsanweisung zubereiten.

Variationen

♦ Wenn Sie es gerne herzhaft mögen, dann bestreichen Sie den Toast mit ½ Teelöffel Ghee und streuen nach Belieben VATA-, PITTA- oder KAPHA-Churna darauf.

♦ Wenn Sie vorerst auf Bohnenkaffee nicht verzichten möchten, geben Sie eine Prise Kardamom in das Getränk. Es wird dadurch bekömmlicher.

Hinweis

Trinken Sie zu diesem Frühstück keine Milch, denn jedes Fertigbrot enthält Salz (S. 50).

Trockenfrüchtemüsli

Für 1 Person

Zubereitungszeit: ca. 5 Minuten

Einweichzeit: über Nacht

2 getrocknete Datteln

1 getrocknete Feige

2 getrocknete Aprikosen

1 frische Banane

1 EL gehackte Mandeln

125 g süße Sahne

1 Prise gemahlener Ingwer

1 Prise gemahlener Kardamom

1 Prise gemahlener Kreuzkümmel

1 Prise gemahlener Zimt

♦ Die Trockenfrüchte über Nacht einweichen und am anderen Morgen in mundgerechte Stücke schneiden.

♦ Die Banane schälen und kleinschneiden.

♦ Alle Zutaten miteinander vermischen und dann servieren.

Variation

Anstelle der hier genannten Trockenfrüchte können Sie auch andere getrocknete Obstsorten wählen.

Mittagessen

„Essen in der angemessenen Menge hilft dem Einzelnen dabei Stärke, Ausstrahlung, Glück und langes Leben zu erlangen, ohne das Gleichgewicht der Doshas und der Körpergewebe zu stören.“

Sushruta Sutrasthanam V, 8.

Desserts *sind kalt, süß und schwer. Sie werden als Auftakt eines ayurvedischen Menüs gereicht, denn zu diesem Zeitpunkt wirkt Agni am intensivsten. Ein Dessert als Vorspeise besänftigt es, ohne den Organismus zu belasten.*

Feigen-Sahne-Dessert

Für 4 Personen

Zubereitungszeit: ca. 5 Minuten

10 getrocknete Feigen	V+ P– K–
1 EL kaltgeschleuderter Honig	V+ P+ K–
250 g Sahne	V– P– K+

♦ Die Feigen waschen und von den Stengeln befreien. Sie etwas zerkleinern, zusammen mit den anderen Zutaten in einen Mixer geben und cremig pürieren.

Tip

Wenn Sie die Feigen zuvor für einige Stunden in Wasser einweichen, lassen sie sich besser verarbeiten.

Variation

Verwenden Sie frische Feigen, Trockenpflaumen, Datteln oder eine Kombination aus diesen Trockenfrüchten.

Bananensahne

Für 4 Personen

Zubereitungszeit: ca. 5 Minuten

2 reife Bananen	V– P– K+
300 g Sahne	V– P– K+
1 Msp. gemahlener Kardamom	
2 TL kaltgeschleuderter Honig	V+ K–

♦ Die Bananen schälen, in grobe Stücke schneiden und zusammen mit der Sahne, dem Kardamom und dem Honig pürieren, bis eine dickflüssige Masse entsteht.

♦ Die Bananensahne sofort servieren, da sie schnell das frische Aroma verliert und wieder flüssig wird.

Variation

Je nach Jahreszeit können Sie auch andere Früchte verwenden. Das Dessert wird dann jedoch nicht so dickflüssig.

Hinweis

Bananen und Sahne erhöhen sehr stark KAPHA, das durch die Zugabe von Honig und Kardamom besänftigt wird.

Grießhalva

Für 4 Personen
Zubereitungszeit: ca. 50 Minuten

4 EL Ghee
4–5 EL brauner Rohrzucker
200 g Hartweizengrieß V – P – K +
ca. 500 ml heißes Wasser

♦ Ghee in einer großen, schweren Pfanne erhitzen. Den Zucker und den Grieß unter Rühren hinzugeben. Das Ganze auf höchster Stufe rösten, bis der Grieß braun wird.

♦ Die Pfanne vom Herd nehmen und vorsichtig, unter ständigem Rühren, das heiße Wasser hinzugießen. Das Ganze noch einmal kurz aufkochen lassen, bis die Masse zähflüssig wird, kühlstellen.

♦ Nach etwa 30 Minuten die Masse zu Kugeln formen oder in Würfel schneiden.

Variationen

♦ Sie können diese Süßspeise nach Belieben mit Safran, Muskatblüte, Kardamom, 2 bis 3 Eßlöffeln Rosinen und 2 Eßlöffeln gemahlenen Haselnüssen verfeinern. Auch gehackte Pistazienkerne sowie abgeriebene unbehandelte Zitronen- und Orangenschale liefern ein feines Aroma.

♦ Sehr gut schmeckt dazu Orangencreme (S. 65).

Karottenhalva

Für 4 Personen
Zubereitungszeit: ca. 60 Minuten

500 g Karotten
½ l Milch
5 EL brauner Rohrzucker
3 EL Ghee

♦ Die Karotten putzen, evtl. schälen, waschen und raspeln.

♦ Milch in einer großen, schweren Pfanne erhitzen, Zucker und Karotten hinzugeben und gut darunterrühren. Das Ganze so lange köcheln lassen, bis alle Flüssigkeit verdampft ist.

♦ Anschließend die Milch unter ständigem Rühren hinzugeben und das Ganze so lange weiterköcheln lassen, bis ein zähflüssiger Brei entsteht.

♦ Die heiße Masse auf eine hitzebeständige Platte gießen, abkühlen lassen und in Würfel schneiden.

Variation

Sie können nach Belieben Mandelblättchen, Rosinen, Pistazienkerne, geriebene, unbehandelte Zitronenschale oder Cashewkerne hinzugeben.

Obstsalat mit frischer Ingwersahne

Für 4 Personen

Zubereitungszeit: ca. 15 Minuten

1 TL geriebene Ingwerwurzel	V –		K –
1 süßer Apfel	V –	P –	K +
1 Birne	V +	P –	K –
1 Banane	V –	P –	K +
100 g Weintrauben	V –	P –	K +
½ Orange	V –	P –	K +
1 Handvoll Sultaninen	V +	P –	K –
200 g Sahne	V –	P –	K +
1 Msp. gemahlener Kardamom			
1 Prise Anispulver			

♦ Den Ingwer schälen und fein reiben. Apfel und Birne waschen, entkernen und kleinwürfeln. Die Banane schälen und kleinwürfeln. Die Weintrauben waschen, halbieren und entkernen.

♦ Die halbe Orange auspressen. Die Sultaninen waschen und zusammen mit dem Orangensaft unter das übrige Obst rühren.

♦ Die Sahne steifschlagen, mit Ingwer, Kardamom und Anis fein abschmecken.

♦ Den Obstsalat in Dessertschälchen geben und mit Sahnehäubchen verzieren.

Variation

Sie können die Sahne mit Rohrzucker süßen.

Orangencreme

Für 4 Personen

Zubereitungszeit: ca. 20 Minuten

5–7 unbehandelte Orangen	V – P – K +
1–2 Blutorangen	V – P + K +
1 unbehandelte Zitrone	V – P + K –
2–3 EL brauner Rohrzucker	
1–2 EL Reismehl oder Maisstärke	

♦ Eine gut gewaschene Orange sowie die Zitrone sehr dünn schälen und die Schale in feine Stifte schneiden. Orangen, Blutorangen und Zitrone auspressen und den Saft in einen Topf gießen.

♦ Die Schalenstifte sowie den Zucker hinzufügen und das Ganze aufkochen lassen.

♦ Reismehl oder Maisstärke in etwas kaltem Wasser anrühren und zum Orangensaft gießen.

♦ Alles mit dem Schneebesen sorgfältig verrühren und erneut aufkochen, bis die Flüssigkeit dickflüssig wird. Die Orangencreme abkühlen lassen und servieren.
(auf dem Foto: oben)

Variation

Anstelle der Orangenschale können Sie auch 3 bis 4 Kumquats (Zwergorangen) in dünne Scheiben schneiden und zum Saft geben.

Pfirsichdessert

Für 4 Personen

Zubereitungszeit: ca. 30 Minuten

1 kg frische Pfirsiche	V – P + K –
2 EL Ghee	
3 EL brauner Rohrzucker	

♦ Die Pfirsiche waschen, halbieren, entsteinen und kleinwürfeln.

♦ Ghee in einer Pfanne erhitzen, den Zucker hinzufügen und unter Rühren schmelzen lassen.

♦ Anschließend die Pfirsichstücke dazugeben und unter ständigem Rühren etwa 15 Minuten köcheln lassen.

♦ Das Dessert kalt oder warm servieren.
(auf dem Foto: unten)

Variation

Das abgekühlte Dessert können Sie nach Belieben mit flüssiger Sahne verfeinern.

Apfel mit Pfiff

Für 4 Personen

Zubereitungszeit: ca. 25 Minuten

5 Äpfel V+ P+ K–

½ EL Ghee

1–2 EL brauner Rohrzucker

1 Vanilleschote

2–3 ganze Sternanis

¼ TL gemahlener Zimt

¼ TL gemahlener Kardamom

4–5 Safranfäden

♦ Die Äpfel waschen, vierteln, die Kerngehäuse herausschneiden und die Äpfel kleinwürfeln.

♦ Ghee in einem Topf erhitzen und den Zucker darin schmelzen lassen.

♦ Die Apfelstückchen hinzugeben und köcheln lassen. Nun die Vanilleschote längs halbieren, das Mark herausschaben und zusammen mit den übrigen Gewürzen zu den Apfelstückchen geben.

♦ Das Ganze noch etwa 15 Minuten weiterköcheln lassen. Das Dessert heiß oder kalt servieren.

Tip

Dieses Dessert können Sie mit etwas geschlagener oder flüssiger Sahne garnieren.

Trockenfrüchtedessert

Für 4 Personen

Zubereitungszeit: ca. 35 Minuten

200 g gemischte Trockenfrüchte P– K+

1 ½ l Wasser

♦ Die Trockenfrüchte waschen und zusammen mit den 1 ½ l Wasser zum Kochen bringen. Das Ganze für etwa 30 Minuten kochen, bis das meiste Wasser verdampft ist.

♦ Die Trockenfrüchte zusammen mit dem Kochsaft in Dessertschälchen servieren.

Variation

Sie können das Dessert mit etwas Schlagsahne garnieren oder flüssige Sahne unterrühren.

Ananas-Kokos-Dessert

Für 4 Personen	
Zubereitungszeit: ca. 20 Minuten	
1 frische Ananas	V– P– K+
½ EL Ghee	
3 EL brauner Rohrzucker	
3–4 EL Kokosmilchpulver	V– P– K+
½ Tasse heißes Wasser	
1 Vanilleschote	
¼ TL gemahlener Kardamom	
1 Msp. gemahlener Sternanis	

♦ Die Ananas schälen und das Mittelstück herausschneiden. Es längs vierteln, den Innenstrunk jeweils herausschneiden und das Fruchtfleisch würfeln.

♦ Ghee in einem Topf erhitzen und den Zucker darin schmelzen. Die Ananasstückchen hinzugeben.

♦ Das Kokosmilchpulver mit dem Wasser verrühren und zu den Fruchtstückchen geben.

♦ Die Vanilleschote längs halbieren, das Mark herausschaben und zusammen mit den übrigen Gewürzen ebenfalls zu den Ananaswürfeln geben.

♦ Das Ganze etwa 10 Minuten leicht köcheln lassen. Warm oder kalt servieren.

Chicoréesalat mit Melone

Für 4 Personen
Zubereitungszeit: ca. 20 Minuten

1 Honigmelone	V – P – K +
4 Chicoréestauden	V + P – K –
3 EL Mascarpone (ital. Frischkäse)	
4 EL Crème fraîche	
1 Msp. Paprikapulver edelsüß	
1 cm frische Ingwerwurzel	
½ TL brauner Rohrzucker	
etwas Salz	

♦ Die Melone halbieren, die Kerne herausschaben und mit einem Teelöffel oder einem Kugelausstecher Fruchtfleischkugeln ausstechen.

♦ Die Chicoréestauden waschen. 3 davon halbieren, die Strünke keilförmig herausschneiden und in dünne Streifen schneiden. Den vierten Chicorée in einzelne Blätter zerteilen.

♦ Mascarpone, Crème fraîche, Ingwer, Zucker und Salz gut miteinander verrühren.

♦ Die ganzen Chicoréeblätter sternförmig auf einem großen Teller anrichten.

♦ Die Melonenkugeln mit dem feingeschnittenen Chicorée vermengen und darauf geben. Zuletzt die Sauce auf den Salat gießen.

Saftiger Fenchelsalat

Für 4 Personen
Zubereitungszeit: ca. 30 Minuten

3 Fenchelknollen	V – P – K –
3 unbehandelte Orangen	V – P – K +
1 große rosafarbene Grapefruit	V – P + K +
2 EL Mascarpone (ital. Frischkäse)	
3 EL Sauerrahm oder Crème fraîche	
2 EL süße Sahne	
1 cm frische Ingwerwurzel	
½ TL abgeriebene unbehandelte Orangenschale	
½ TL Limettensaft	
1 Prise gemahlener schwarzer Pfeffer	
½ TL brauner Rohrzucker	
1–2 Tropfen ätherisches Orangenöl	
¼ TL gemahlener rosa Pfeffer	
etwas Salz	

♦ Die Fenchelknollen putzen, waschen und in schmale Ringe schneiden. Die Orangen und die Grapefruit sorgfältig schälen, die Filets aus den Trennhäuten herausschneiden und eventuell halbieren.

♦ Aus Mascarpone, Sauerrahm und süßer Sahne eine dickflüssige Sauce herstellen.

♦ Den Ingwer schälen, fein würfeln und zusammen mit den übrigen Zutaten in die Sauce rühren. Sie mit dem Fenchel vermengen und über die Fruchtfilets geben.

Gurkensalat in Joghurtsauce

Für 4 Personen
Zubereitungszeit: ca. 15 Minuten

1 TL Ghee
¼ TL gemahlener Kreuzkümmel
1 Msp. gemahlener schwarzer Pfeffer
1 Msp. gemahlene Nelken
1 Prise gemahlener Koriander
1 Prise Asa foetida
2 mittelgroße Salatgurken V– P– K+
250 g frischer Vollmilchjoghurt V– P+ K+
etwas Salz

♦ Ghee in einem Pfännchen erhitzen und alle Gewürze darin kurz anrösten. Sie anschließend abkühlen lassen.

♦ Die Gurken schälen und grob raspeln. Sie in den Joghurt geben und nach Belieben salzen.

♦ Die geröstete Gewürzmischung hinzufügen und alles gut verrühren.

Variation

Einen anderen, nicht weniger reizvollen Geschmack erzielen Sie, wenn Sie anstelle der Salatgurke Bananen, gekochte Süßkartoffeln, geraspelte Karotten oder geraspelten Rettich verwenden.

Fladenbrote *sind ein fester Bestandteil der ayurvedischen Küche. Mit Hefe angesetzte Brote stören VATA und sorgen überdies für eine ständige Zufuhr von Pilzkulturen in den Magen-Darm-Trakt, die die Darmflora auf Dauer stören. Der Maharishi Ayur-Ved empfiehlt statt dessen hefefreie Fladenbrote als Beilage zu Gemüsegerichten oder Suppen, denn sie sind gehaltvoll und leicht bekömmlich.*

Chapatis

(Einfache Fladenbrote)

Für 4 Personen

Zubereitungszeit: ca. 50 Minuten

100 g Weizenvollkornmehl (oder Dinkelvollkornmehl)	V – P – K +
200 g Weizenmehl Type 405	V – P – K +
270 ml Wasser	
½ TL Salz	
etwas Butter	

- Mehl, Wasser sowie Salz vermischen und zu einem festen Teig kneten. Er sollte glatt sein und nicht mehr kleben. Ihn mit einem feuchten Tuch bedecken und etwa 30 Minuten ruhen lassen.
- Aus dem Teig mandarinengroße Bälle formen, mit der Hand flachdrücken und anschließend mit dem Nudelholz dünn ausrollen.
- Eine gußeiserne Pfanne ohne Fettzugabe stark erhitzen, einen Teigfladen hineinlegen und ihn sofort wenden.
- Jeden Fladen unter ständigem Wenden 2 bis 3 Minuten backen, bis er leicht braun ist.
- Ihn herausnehmen und sofort ein paar Butterflöckchen darauf legen. Weitere Fladen backen und bis zum Servieren aufeinanderstapeln.

Hinweis

Die Chapatis sollten schön weich sein. Wenn sie hart werden, liegt es meistens daran, daß die Hitze in der Pfanne nicht ausreichend hoch war.

Puris

(Fritierte Fladenbrote)

Für 4 Personen
Zubereitungszeit: ca. 50 Minuten

100 g Weizenvollkornmehl
200 g Weizenmehl Type 405 V– P– K+
½ TL Salz
270 ml Wasser
1 l Ghee zum Fritieren

♦ Das Mehl zusammen mit dem Salz in eine Schüssel sieben. So viel Wasser hinzugeben, daß beim Kneten ein glatter, formbarer Teig entsteht. Er sollte nicht mehr kleben.

♦ Ihn mit einem feuchten Tuch bedecken und ca. 30 Minuten ruhen lassen.

♦ Anschließend aus dem Teig mandarinengroße Kugeln formen und mit der Hand flachdrücken. Die so entstandenen Fladen mit dem Nudelholz nicht zu dünn ausrollen.

♦ Das Fett in einer hohen Pfanne stark erhitzen. Die Fladen nacheinander darin ausbacken. Nach etwa 2 Minuten ist ein Puri fertig.

Hinweise

♦ Die Zubereitung im heißen Fett erhöht PITTA und KAPHA. Gleichzeitig wird VATA vermindert.

♦ Die rohen Fladen nicht übereinanderstapeln. Sie kleben leicht aneinander.

Parathas

(Gebratene Fladenbrote)

Für 4 Personen
Zubereitungszeit: ca. 50 Minuten

100 g Weizenvollkornmehl (oder Dinkelvollkornmehl)	V– P– K+
200 g Weizenmehl Type 405	V– P– K+
270 ml Wasser	
½ TL Salz	
4 EL Ghee	

♦ Mehl, Wasser sowie Salz zu einem glatten Teig verkneten und mandarinengroße Kugeln formen. Diese mit der Hand flachdrücken und mit dem Nudelholz dünn ausrollen.

♦ Eine gußeiserne Pfanne ohne Fettzugabe erhitzen. Die Fladen auf beiden Seiten sehr dünn mit Ghee bestreichen und in der heißen Pfanne unter mehrmaligem Wenden goldbraun braten.

Kräuterfladen

Für 4 Personen
Zubereitungszeit: ca. 50 Minuten

2 EL getrocknete Bockshornkleeblätter	
100 g Weizenvollkornmehl (oder Dinkelvollkornmehl)	V– P– K+
200 g Weizenmehl Type 405	V– P– K+
etwas Salz	
270 ml Wasser	
6 EL Ghee	

♦ Die Bockshornkleeblätter in wenig Wasser für etwa 10 Minuten einweichen.

♦ Aus Mehl, Salz, Wasser sowie den eingeweichten Bockshornkleeblättern einen glatten Teig kneten und daraus mandarinengroße Kugeln formen.

♦ Sie mit der Hand flachdrücken und mit dem Nudelholz dünn ausrollen.

♦ Eine gußeiserne Pfanne mit etwas Ghee stark erhitzen. Die Fladen beidseitig mit Ghee bestreichen und nacheinander goldbraun braten. Eventuell noch etwas Ghee in die Pfanne geben, wenn sich darin zu wenig Fett zum Braten befindet.

Tip

Sie können auch frische Bockshornkleeblätter verwenden. Das Einweichen entfällt dann.

Variation

Bereiten Sie diese Fladen auch einmal mit Minze, Liebstöckel, frischem Koriander oder Petersilie zu.

Fritierte Beilagen gehören zu den Höhepunkten der ayurvedischen Küche. Da alles Fritierte normalerweise sehr stark PITTA erhöht, sollten Menschen mit PITTA-Konstitutionen oder Menschen mit Störungen im PITTA-Bereich fritiertes Essen meiden. Koriander ist ein Kraut, das PITTA beruhigt. In der Kombination als Koriander-Pakora können selbst PITTA-empfindliche Personen fritierte Snacks genießen.

Koriander-Pakoras

Für 4 Personen
Zubereitungszeit: ca. 50 Minuten

- 1 Bund frisches Korianderkraut
- 3–4 EL Kichererbsenmehl
- 2–3 EL Weizenmehl Type 405 oder Reismehl
- 150 ml Wasser
- 1 cm frische Ingwerwurzel
- 1/4 TL gemahlener Gelbwurz
- etwas Salz und Pfeffer
- 1 l Ghee

♦ Die Korianderblätter waschen und fein hacken. Sie zusammen mit den beiden Mehlsorten und dem Wasser zu einem dickflüssigen Pfannkuchenteig verrühren. Gewürze und Salz ebenfalls darunter mischen. Den Teig etwa 1/2 Stunde quellen lassen.

♦ In einer hohen Pfanne Ghee erhitzen. Dann mit einer kleinen Schöpfkelle etwas Teig in das heiße Fett gießen. Den Pakora in 2 bis 3 Minuten goldbraun ausbacken, herausnehmen und auf einem Küchenpapier abtropfen lassen. Weitere Pfannkuchen backen.

Curryteig-Pakoras

Für 4 Personen
Zubereitungszeit: ca. 50 Minuten

- ½ frische, grüne Chilischote
- 1 cm frische Ingwerwurzel
- 1–2 TL Koriandergrün
- 1–2 TL frische Curryblätter
- 100 g Kichererbsenmehl
- 100 g Weizenmehl Type 405 oder Reismehl
- 1 TL ganzer Schwarzkümmel
- ¼ TL Asa foetida
- ½ TL gemahlener Gelbwurz
- ½ TL gemahlener Kreuzkümmel
- ½ TL gemahlener Koriander
- ¼ TL gemahlener Zimt
- etwas Salz
- 260 ml Wasser
- 1 l Ghee

♦ Die Chilischote waschen, längs halbieren, die Kerne entfernen und die Schote fein hacken.

♦ Den Ingwer schälen und fein reiben.

♦ Den frischen Koriander und die Curryblätter waschen und fein hacken.

♦ Alle angegebenen Zutaten (bis auf das Ghee) zusammen in eine große Schüssel geben und mit dem Schneebesen zu einem dickflüssigen Teig verrühren. Ihn etwa ½ Stunde quellen lassen.

♦ In einer hohen Pfanne Ghee stark erhitzen und anschließend etwas Teig mit einer Schöpfkelle hineingießen. Den Pakora goldbraun ausbacken, herausnehmen und auf Küchenpapier abtropfen lassen. Weitere Pfannkuchen backen.

Tip

Dieser Teig eignet sich hervorragend als Mantel für Gemüsesorten und Kräuter. Hierzu tauchen Sie einfach das Gemüse oder die Kräuter in den Teig und backen es in heißem Fett goldbraun aus.

Gemüse im Curryteig

Für 4 Personen
Zubereitungszeit: ca. 35 Minuten

100 g Kichererbsenmehl
100 g Weizenmehl Type 405 oder Reismehl
2 TL Salz
2 TL gemahlener Kreuzkümmel
1 TL gemahlener Gelbwurz
1 TL gemahlener Ingwer
2 TL gemahlener Koriander
¼ TL Chilipulver
1 TL getrocknete Bockshornkleeblätter
½ TL gemahlenes Piment
1 TL Granatapfelkerne
260 ml Wasser
500 g Gemüse nach Wahl (z.B. Auberginen, Fenchel, Blumenkohl, Brokkoli)
1 l Ghee

♦ Die beiden Mehlsorten, die Gewürze, die Granatapfelkerne und das Wasser in eine Schüssel geben und zu einem dickflüssigen Pfannkuchenteig verrühren.

♦ Das Gemüse waschen, putzen und in mundgerechte Stücke schneiden.

♦ Ghee in einer hohen Pfanne stark erhitzen. Die Gemüsestücke mit einer Gabel in den Pfannkuchenteig tauchen und dann im heißen Fett goldbraun fritieren. Sie anschließend mit einem Schaumlöffel herausnehmen und auf Küchenpapier abtropfen lassen.
(auf dem Foto: links)

Hinweis

Fritierte Speisen verstärken KAPHA sowie PITTA. VATA wird hingegen besänftigt.

Zucchinireibekuchen

Für 4 Personen
Zubereitungszeit: ca. 40 Minuten

4 Zucchini (V) – (P) – (K) +
je 2–3 EL Kichererbsen- und Weizenmehl Type 405
⅛ TL gemahlener schwarzer Pfeffer
⅛ TL abgeriebene, unbehandelte Zitronenschale
etwas Salz
5 EL Ghee

♦ Die Zucchini putzen, waschen und grob raspeln. Mehl, Pfeffer, abgeriebene Zitronenschale und Salz dazugeben und das Ganze zu einem Teig verrühren.

♦ In einer Pfanne etwa 1 EL Ghee erhitzen und eine kleine Menge Teig hineingeben.

♦ Diesen sofort flach ausstreichen und unter mehrmaligem Wenden goldbraun ausbacken.
Mit dem restlichen Teig ebenso verfahren.
(auf dem Foto: rechts)

Variationen

♦ Fügen Sie doch einmal 1 Prise Asa foetida und ¼ TL gemahlenen Gelbwurz hinzu.

♦ Mit einem Teelöffel kleingehackter Petersilie oder Dill erhalten die Reibekuchen einen ganz besonders würzigen Geschmack.

***Chutneys** sind eine ayurvedisch-indische Spezialität. Es gibt sie sowohl aus frischen als auch aus gekochten Zutaten. Allen gemeinsam ist: sie schmecken süß-sauer und sind scharf. Sie regen den Appetit an und fördern Agni. 1 oder 2 Teelöffel davon als Beilage serviert reichen aus, um eine Mahlzeit zu bereichern.*

Minzechutney

Für 4 Personen

Zubereitungszeit: ca. 10 Minuten

1 Bund frische Pfefferminze V+ P– K–

1 feste, grüne Mango V+ P+ K–

1 cm frische Ingwerwurzel

2 frische grüne Chilischoten

½ TL Asa foetida

etwas Salz

- Die Pfefferminzblättchen von den Stielen zupfen, waschen und grob hacken.
- Die Mango schälen, halbieren und das Fruchtfleisch vom Stein abschneiden. Den Ingwer ebenfalls schälen. Die Chilischoten waschen, halbieren und entkernen. Alles grob würfeln.
- Alle angegebenen Zutaten in einer Schüssel fein pürieren. Das Chutney kalt servieren.
(auf dem Foto: oben)

Variation

Ganz besonders cremig wird dieses Chutney, wenn Sie noch 100 g frischen Vollmilchjoghurt und 2 bis 3 Eßlöffel Rohrzucker hinzufügen.

Hinweis

Minze ist ein sattvisches Lebensmittel. Sie ist sehr beliebt, da sie Geist und Sinne erfrischt, die Nerven beruhigt, die Verdauung fördert und den ganzen Körper entwässert.

Tomatenchutney

Für 4 Personen

Zubereitungszeit: ca. 30 Minuten

300 g Tomaten

50 g getrocknete Pflaumen

50 g gemischtes Trockenobst

30 g Rosinen

2 cm frische Ingwerwurzel

5–6 EL brauner Rohrzucker

1 frische, grüne Chilischote

1–2 EL Ghee

1 TL schwarze Senfkörner

1 TL ganzen Kreuzkümmel

½ TL Asa foetida

1 TL gemahlenen Zimt

1 TL gemahlenes Piment

3 ganze Sternanis

1 TL gemahlener Fenchel

¼ TL gemahlene Nelken

Saft von 2 Zitronen, etwas Wasser

etwas Salz

- Die Tomaten waschen und kleinwürfeln. Das ganze Trockenobst in kleine Würfel schneiden. Den Ingwer schälen und fein raspeln. Die Chilischote waschen, halbieren, entkernen und fein hacken.
- Ghee in einem schweren Topf erhitzen. Senfkörner und Kreuzkümmel ins heiße Fett geben und den Deckel auflegen. Den Topf vom Herd ziehen und warten, bis die Senfkörner zur Ruhe gekommen sind.
- Anschließend Zucker, Chiliwürfelchen, Ingwer und Asa foetida hinzugeben und alles kurz rösten.
- Nun die übrigen Gewürze (bis auf das Salz), den Zitronensaft, die Tomaten, das Trockenobst und etwas Wasser hinzufügen und unter Rühren etwas abkühlen lassen. Vorsicht, es brennt leicht an.
- Das Chutney salzen und heiß oder kalt servieren.
(auf dem Foto: unten)

Mangochutney

Für 4 Personen

Zubereitungszeit: ca. 40 Minuten

3 grüne, feste Mangos	V – P – K +
2–3 getrocknete Aprikosen	
4–5 getrocknete Apfelringe	
1 unbehandelte Orange	V – P + K –
1 unbehandelte Zitrone oder Limone	V + P + K –
1 EL Ghee	
½ TL gemahlener Zimt	
1 Msp. gemahlene Nelken	
¼ TL gemahlener Kardamom	
¼ TL gemahlener Sternanis	
½ frische, grüne Chilischote	
1–2 EL brauner Rohrzucker	
etwas heißes Wasser	
etwas Salz	

♦ Die Mangos schälen, halbieren, das Fruchtfleisch von den Steinen abschneiden und kleinwürfeln.

♦ Die Trockenfrüchte kleinwürfeln. Die Orange und die Zitrone dünn schälen und die Schale in feine Streifen schneiden. Das Fruchtfleisch auspressen und den Saft beiseite stellen.

♦ Ghee in einem Topf erhitzen. Die Chilischote waschen, halbieren, entkernen und fein hacken. Sie im heißen Fett rösten. Nun die übrigen Gewürze, den Zucker und die Mangowürfel sowie die Orangen- und die Zitronenschale hinzugeben.

♦ Ein wenig heißes Wasser dazugießen und das Chutney etwa 20 Minuten köcheln lassen. Zum Schluß nach Belieben salzen.

Apfelchutney

Für 4 Personen

Zubereitungszeit: ca. 30 Minuten

V+ P− K+

- 5–6 süße Äpfel
- 1 EL Ghee
- 2–3 EL brauner Rohrzucker
- ¼ TL rotes Chilipulver
- ½ TL gemahlener Zimt
- ½ TL gemahlenes Piment
- ½ gemahlener Sternanis
- 1 TL gemahlener Ingwer
- ½ TL gemahlener Kardamom
- ½ TL gemahlener Fenchelsamen
- etwas Salz

♦ Die Äpfel waschen, vierteln, die Kerngehäuse entfernen und das Fruchtfleisch grob würfeln.

♦ Ghee in einem Topf erhitzen, den Zucker sowie die Gewürze hinzugeben und alles kurz anrösten.

♦ Die Apfelwürfel ebenfalls in den Topf geben und das Ganze etwa 15 Minuten leicht köcheln lassen. Anschließend nach Belieben salzen.

Variation

Wenn Sie scharfes Apfelchutney mögen, fügen Sie noch 2 kleingewürfelte Chilischoten, 2 Eßlöffel Ingwerpulver, Schale und Saft von 2 unbehandelten Zitronen sowie 5 Eßlöffel Rohrzucker hinzu.

Nektarinenchutney

Für 4 Personen

Zubereitungszeit: ca. 10 Minuten

V− P− K+

- 5 reife Nektarinen
- 1 cm frische Ingwerwurzel
- ½ frische, grüne Chilischote
- 1 Msp. gemahlener Zimt
- 1–2 EL brauner Rohrzucker
- 1 Msp. gemahlener Sternanis
- Saft von 1 unbehandelten Zitrone
- Saft von 1 unbehandelten Orange
- ½ TL abgeriebene, unbehandelte Orangen- und Zitronenschale
- 2 EL Rosinen

♦ Die Nektarinen waschen, halbieren, die Steine entfernen und das Fruchtfleisch grob würfeln. Den Ingwer schälen und grob reiben. Die halbe Chilischote waschen, halbieren, entkernen und grob hacken.

♦ Drei Viertel der Nektarinenwürfel, Ingwer, Chiliwürfel, Zucker, Gewürze, Säfte, Orangen- und Zitronenschale sowie die Rosinen in eine Schüssel geben. Alles fein pürieren.

♦ Die restlichen Nektarinenwürfel daruntermischen und das Chutney kalt servieren.

Würzige Ananas

Für 4 Personen

Zubereitungszeit: ca. 45 Minuten

- 1 frische, reife Ananas (V) – (P) – (K) –
- 1 EL Ghee
- 3 TL gemahlener Ingwer
- ¼ TL gemahlene Nelken
- 1 TL gemahlener Zimt
- ½ TL gemahlene Fenchelsamen
- 3–4 ganze Sternanis
- ½ TL rotes Chilipulver
- 2–3 EL brauner Rohrzucker
- 150 ml Wasser
- etwas Salz

♦ Die Ananas schälen, der Länge nach vierteln, den harten Strunk herausschneiden und das Fruchtfleisch würfeln. Das Ghee in einem Topf erhitzen und die Ananaswürfel kurz darin dünsten.

♦ Die Gewürze und den Zucker hinzugeben und kurz mitbraten. Das Ganze mit etwas Wasser ablöschen und 20 Minuten bei geringer Hitzezufuhr ziehen lassen. Sobald die Flüssigkeit verdampft ist, etwas Wasser dazugießen. Zum Schluß nach Belieben mit Salz abschmecken.
(auf dem Foto: oben)

Variation

Sie können anstelle der Ananas auch Pfirsiche, Orangen oder reife Mangos verwenden.

Kokoschutney

Für 4 Personen

Zubereitungszeit: ca. 10 Minuten

- 1 Bund frisches Korianderkraut (V) – (P) – (K) –
- 1–2 Limonen
- 1–2 EL Kokosmilchpulver (P) – (K) +
- etwas warmes Wasser
- 1–2 frische, grüne Chilischoten (V) + (P) + (K) –
- 2 cm Ingwerwurzel
- ¼ TL Asa foetida
- 5 EL Kokosflocken (P) – (K) +
- 2–3 EL brauner Rohrzucker
- etwas Salz

♦ Das Korianderkraut waschen, trockentupfen und grob hacken. Die Limonen waschen, dünn schälen und das Fruchtfleisch auspressen. Die Limonenschale grob würfeln.

♦ Das Kokosmilchpulver im Wasser auflösen. Die Chilischoten waschen, halbieren und entkernen. Den Ingwer schälen und beide Zutaten grob hacken.

♦ Alle angegebenen Zutaten in eine Schüssel geben und nicht zu fein pürieren.
(auf dem Foto: unten)

Dal-Gerichte *gehören traditionell zu jedem ayurvedischen Mittagessen. Da die Zubereitungszeit sehr lang ist, sollten Sie die Dal-Gerichte gleich zu Beginn der Essenszubereitung kochen.*

Grundrezept für Dal

Für 4 Personen

Zubereitungszeit: 20–90 Minuten, je nach Sorte

300 g halbierte, getrocknete Hülsenfrüchte (Linsen, Erbsen oder Bohnen)

1 EL Ghee

1 TL VATA- oder PITTA-Churna oder

½ TL KAPHA-Churna

etwas Salz

ca. 1 l heißes Wasser

♦ Die Hülsenfrüchte sehr gründlich waschen. Ghee in einem Topf erhitzen und die Gewürzmischung (Churna) darin kurz rösten.

♦ Die Hülsenfrüchte sowie das heiße Wasser hinzufügen und das Ganze so lange kochen, bis das Dal sehr weich ist und alles eine suppige Konsistenz hat. Es nach Belieben mit Salz abschmecken und vor dem Servieren kurz pürieren. (auf dem Foto: links)

Gelber Mung-Dal

Für 4 Personen

Zubereitungszeit: ca. 60 Minuten

300 g halbierte, getrocknete gelbe Mungbohnen V – P – K –

1 EL Ghee

1 TL schwarze Senfkörner

1 TL ganzer Kreuzkümmel

1 TL Ingwerpulver

1 TL gemahlener Gelbwurz

¼ TL gemahlener schwarzer Pfeffer

¼ TL Asa foetida

1 Lorbeerblatt

etwas Salz

1 l heißes Wasser

♦ Die Mungbohnen waschen. Ghee in einem Topf erhitzen und Senfkörner sowie Kreuzkümmel hinzugeben. Den Topf sofort mit einem Deckel schließen.

♦ Sobald die Senfkörner hörbar springen, den Topf vom Herd nehmen. Wenn die Körner zur Ruhe gekommen sind, den Deckel wegnehmen, die Gewürze hinzufügen, das Ganze wieder auf den Herd stellen und kurz rösten.

♦ Die Mungbohnen sowie das heiße Wasser hinzugießen und alles offen, bei geringer Wärmezufuhr garköcheln lassen, bis ein Brei entsteht. Zum Schluß nach Belieben salzen.
(auf dem Foto: rechts)

Variationen

♦ Mit einheimischen Kräutern, zum Beispiel Petersilie, Basilikum, Thymian oder Rosmarin, können Sie das Dal würzig abschmecken.

♦ Wenn Sie während des Kochens kleingeschnittene Zucchini, Tomaten oder Karotten hinzufügen, schmeckt dieses Gericht ganz besonders aromatisch.

Tip

Die Kochzeit verringert sich erheblich, wenn Sie die Hülsenfrüchte über Nacht in klarem Wasser einweichen.

Pikanter Mung-Dal

Für 4 Personen
Zubereitungszeit: ca. 50 Minuten
Quellzeit: über Nacht

V – P – K –

200 g getrocknete, grüne Mungbohnen
1 frische grüne Chilischote
1 EL Ghee
1 TL schwarze Senfkörner
1 TL ganzer Kreuzkümmel
1 TL Mangopulver
1 TL gemahlener Koriander
¼ TL Asa foetida
½ TL gemahlener Ingwer
1 TL gemahlener Gelbwurz
½ TL gemahlener Zimt
½ EL brauner Rohrzucker
1 l heißes Wasser
etwas Salz

♦ Die Mungbohnen über Nacht in Wasser einweichen.

♦ Am nächsten Tag die Chilischote waschen, halbieren, entkernen und fein hacken.

♦ Ghee in einem schweren Topf erhitzen, Senfkörner sowie Kreuzkümmel hinzugeben und sofort den Topf mit einem Deckel schließen. Sobald die Körner hörbar springen, den Topf vom Herd nehmen und kurze Zeit warten, bis sie sich wieder beruhigt haben.

♦ Nun den Topf öffnen, alle Gewürze hineingeben und ihn wieder auf den Herd stellen. Alles leicht rösten.

♦ Anschließend das heiße Wasser sowie die Chilischote und die Bohnen hinzufügen und das Ganze in etwa 40 Minuten offen garköcheln. Zum Schluß nach Belieben salzen.

Gelber Mung-Dal mit Gemüse

Für 4 Personen

Zubereitungszeit: ca. 50 Minuten

200 g halbierte, gelbe, getrocknete Mungbohnen — V – P – K –

½ frische, grüne Chilischote

je 2–3 Karotten und Tomaten

1 EL Ghee

¼ TL Asa foetida

½ TL gemahlener Zimt

½ TL gemahlener Gelbwurz

1 TL brauner Rohrzucker

1 l heißes Wasser

etwas Salz

Saft von ½ Zitrone

♦ Die Mungbohnen waschen. Die halbe Chilischote waschen, entkernen und fein hacken. Karotten sowie Tomaten putzen, waschen und kleinwürfeln.

♦ Ghee in einem Topf erhitzen, alle Gewürze sowie Zucker hinzugeben und das Ganze kurz rösten.

♦ Bohnen, Karotten, Chilischote sowie Tomaten dazugeben und unter ständigem Rühren erhitzen.

♦ Das heiße Wasser zum Gemüse gießen und alles bei mittlerer Hitze garköcheln lassen. Zum Schluß salzen und mit Zitronensaft abschmecken.

Gram Dal

Zubereitungszeit: ca. 1¾ Stunden

125 g halbierte, getrocknete Kichererbsen — V + P – K –

1 Bund Korianderkraut

1 EL Ghee

1–2 TL brauner Rohrzucker

½ TL gemahlener Zimt

1 TL gemahlener Gelbwurz

1 Prise gemahlener schwarzer Pfeffer

½ TL gemahlener Kreuzkümmel

1–2 EL Kokosmilchpulver

1 l heißes Wasser

etwas Salz

♦ Die Kichererbsen waschen. Das Korianderkraut waschen, trockentupfen und fein hacken.

♦ Ghee in einem Topf erhitzen und den Zucker darin schmelzen lassen. Die Gewürze hinzugeben und kurz andünsten. Das Ganze mit dem heißen Wasser auffüllen, die Kichererbsen hinzugeben und in etwa 90 Minuten garköcheln.

♦ Anschließend das Kokosmilchpulver mit etwas warmem Wasser anrühren und dem Dal hinzufügen. Das Kichererbsen-Dal nach Belieben salzen. Zum Schluß den Koriander darunterrühren.

Rote-Linsen-Dal

Für 4 Personen

Zubereitungszeit: ca. 50 Minuten

V + P + K –

250 g halbierte, getrocknete rote Linsen

1–2 EL Ghee

1 TL ganzer Kreuzkümmel

1 TL Bockshornkleeblätter

2 TL gemahlener Koriander

1 Msp. gemahlener schwarzer Pfeffer

¼ TL Asa foetida

¼ TL gemahlener Zimt

1 l heißes Wasser

etwas Salz

- Die roten Linsen waschen. Ghee in einem Topf erhitzen. Alle Gewürze hinzugeben und kurz anrösten.

- Dann das heiße Wasser sowie die Linsen hinzufügen und alles etwa 40 Minuten kochen, bis die Linsen weich sind. Zum Schluß das Dal nach Belieben salzen.

Braune Linsen mit Kräutern

Für 4 Personen

Zubereitungszeit: ca. 1 ½ Stunden

V – P – K –

250 g getrocknete braune Linsen

1–2 EL Ghee

⅛ TL Asa foetida

1 Msp. geriebene Muskatnuß

1 Msp. gemahlene Bockshornkleesamen

1 Msp. Thymiansamen

¼ TL getrockneter Rosmarin

⅛ TL getrockneter Thymian

1 Lorbeerblatt

1 l heißes Wasser

etwas Salz

⅛ TL gemahlener schwarzer Pfeffer

1 TL Zitronensaft

- Die Linsen waschen. Ghee in einem Topf erhitzen. Die Gewürze hinzufügen und kurz rösten.

- Die Linsen sowie das heiße Wasser dazugeben und die Linsen in etwa 75 Minuten bei mittlerer Hitze garköcheln. Zum Schluß das Ganze mit Salz, Pfeffer sowie Zitronensaft abschmecken.

Grüne-Erbsen-Dal

Für 4 Personen

Zubereitungszeit: ca. 1 ¾ Stunden

200 g halbierte, getrocknete grüne Erbsen — V + P – K –

2 EL Ghee

1 TL schwarze Senfkörner

1 TL ganzer Kreuzkümmel

1 TL gemahlener Koriander

½ TL gemahlener Kreuzkümmel

½ TL gemahlener Ingwer

1 TL gemahlener Gelbwurz

1 l heißes Wasser

etwas Salz

♦ Die Erbsen waschen. Ghee in einem schweren Topf erhitzen. Die Senfkörner sowie den ganzen Kreuzkümmel hinzufügen und sofort den Topf mit einem Deckel schließen.

♦ Sobald die Senfkörner hörbar springen, den Topf vom Herd nehmen und kurz warten, bis sie zur Ruhe gekommen sind. Dann den Deckel herunternehmen und die übrigen Gewürze, die Erbsen sowie das Wasser hinzufügen.

♦ Das Ganze etwa 90 Minuten kochen lassen, bis die Erbsen sehr weich sind. Zum Schluß das Dal nach Belieben salzen.

Erbsen-Curry-Püree

Für 4 Personen

Zubereitungszeit: ca. 40 Minuten

P – K –

500 g frische grüne Erbsen
2 EL Ghee
1 TL schwarze Senfkörner
1 TL ganzer Kreuzkümmel
¼ frische, grüne Chilischote
1 TL Bockshornkleeblätter
1 TL gemahlener Gelbwurz
½ TL gemahlener Kreuzkümmel
1 TL gemahlener Koriander
⅛ TL Asa foetida
1 l heißes Wasser
etwas Salz

♦ Ghee in einem schweren Topf erhitzen. Die Senfkörner und den Kreuzkümmel hinzufügen und sofort den Topf mit einem Deckel schließen. Sobald die Senfkörner hörbar springen, den Topf vom Herd nehmen und kurze Zeit warten, bis sie sich beruhigt haben.

♦ Inzwischen die Chilischote waschen, längs halbieren, entkernen und ein Viertel davon fein hacken. Die Chiliwürfel zusammen mit den übrigen Gewürzen, den Erbsen und dem Wasser in den Topf geben. Das Ganze bei mittlerer Hitze in etwa 30 Minuten garköcheln lassen und anschließend pürieren. Es soll ein dickflüssiger Brei entstehen.

♦ Das Erbsen-Curry-Püree nach Belieben salzen. (auf dem Foto: oben)

Misch-Dal

Für 4 Personen

Zubereitungszeit: ca. 1¾ Stunden

50 g halbierte, getrocknete schwarz-weiße Linsen
50 g getrocknete grüne Mungbohnen
100 g halbierte, getrocknete rote Linsen
1 große Aubergine
2–3 Tomaten
2 EL Ghee
1 cm frische Ingwerwurzel
1–2 TL brauner Rohrzucker
1 TL schwarze Senfkörner
1 TL ganzer Kreuzkümmel
¼ TL Asa foetida
½ TL gemahlener Gelbwurz
1 l heißes Wasser
1 kleiner Bund frisches Korianderkraut
etwas Salz, Saft von ½ Zitrone

♦ Die Hülsenfrüchte waschen. Die Aubergine putzen, schälen und in feine Streifen schneiden. Die Tomaten waschen, putzen und fein würfeln.

♦ Ghee in einem schweren Topf erhitzen. Senfkörner sowie Kreuzkümmel hinzufügen und den Topf sofort mit einem Deckel schließen. Sobald die Körner hörbar springen, das Ganze vom Herd nehmen und warten, bis sie sich beruhigt haben.

♦ Inzwischen den Ingwer schälen und fein reiben. Ihn zusammen mit dem Zucker ins heiße Fett geben und kurz anbraten. Nun die übrigen Gewürze, die Hülsenfrüchte sowie das Gemüse hinzufügen. Alles mit dem heißen Wasser auffüllen und in etwa 90 Minuten garköcheln lassen.

♦ Das Korianderkraut waschen und grob hacken. Es in das Dal geben und das Ganze mit etwas Salz und dem Zitronensaft abschmecken. (auf dem Foto: unten)

Maharani-Dal

Für 4 Personen

Zubereitungszeit: ca. 1 ½ Stunden

½ frische, grüne Chilischote
1 cm frische Ingwerwurzel
65 g Kokosflocken V– P– K+
2 EL Kokoscreme
2 Tomaten
1–2 EL Ghee
¼ TL Asa foetida
½ TL gemahlener Gelbwurz
½ TL gemahlener Kreuzkümmel
65 g geschälte, halbierte, getrocknete Kichererbsen V+ P– K–
1 l heißes Wasser
etwas Salz
einige frische Korianderblätter
1–2 frische Curryblätter

♦ Die halbe Chilischote waschen, entkernen und grob hacken. Den Ingwer schälen und fein raspeln. Kokosflocken, Kokoscreme, Chiliwürfel und Ingwer zusammen mit etwas warmem Wasser pürieren.

♦ Die Tomaten waschen und kleinwürfeln. Ghee in einem Topf erhitzen und Asa foetida, Gelbwurz sowie Kreuzkümmel darin rösten. Die Tomatenwürfel und die Kokosmischung hinzugeben. Alles einmal aufkochen lassen.

♦ Die Kichererbsen sowie das heiße Wasser hinzufügen und alles in etwa 90 Minuten garköcheln lassen.

♦ Zum Schluß nach Belieben salzen und die Koriander- sowie die Curryblätter daruntermischen.

Saucen *verfeinern jede Mahlzeit. Die in der deutschen Küche üblichen Mehlschwitzen sind nach ayurvedischen Kriterien nicht empfehlenswert, da Milch und Salz, sowie Milch oder süße Sahne und Gemüse im selben Gericht unverträglich sind. Lernen Sie stattdessen die köstlichen Alternativen aus frischem Joghurt, saurer Sahne oder Kichererbsenmehl kennen. Mit verschiedenen Gemüsesorten gekocht, ist damit eine nie endende Vielfalt kreativer Saucenkombinationen möglich.*

Currysauce

Für 4 Personen

Zubereitungszeit: ca. 15 Minuten

1 EL Ghee
½ TL schwarze Senfkörner
½ TL ganzer Kreuzkümmel
½ TL gemahlener Kreuzkümmel
¼ TL gemahlener Ingwer
¼ TL gemahlener Gelbwurz
½ TL gemahlener Koriander
200 ml Crème fraîche oder Sauerrahm
etwas Salz

V – P – K +

♦ Ghee in einem schweren Topf erhitzen und die Senfkörner sowie den ganzen Kreuzkümmel hineingeben. Den Topf sofort schließen.

♦ Sobald die Körner hörbar springen, den Topf vom Herd nehmen und warten, bis sie sich wieder beruhigt haben. Nun die Gewürze darin leicht rösten.

♦ Die Crème fraîche darunterrühren, das Ganze salzen und einmal kurz aufkochen lassen.

Zucchinisauce

Für 4 Personen

Zubereitungszeit: ca. 30 Minuten

- 1 große Zucchini
- 1 TL Ghee
- 1 TL Kichererbsenmehl
- 1 Prise Asa foetida
- 1 Prise geriebene Muskatnuß
- 1 Prise gemahlener schwarzer Pfeffer
- etwas Salz

♦ Die Zucchini putzen, waschen und grob würfeln. Ghee in einem Topf erhitzen, die Gewürze dazugeben und kurz rösten.

♦ Die Zucchiniwürfel ebenfalls hinzufügen und ohne Wasserzugabe bei milder Hitze in etwa 20 Minuten weich kochen.

♦ Anschließend das Kichererbsenmehl in den Topf sieben und alles fein pürieren.

Variationen

♦ Die Zucchinisauce schmeckt ganz besonders fein, wenn Sie noch einen Schuß süße oder saure Sahne hinzufügen.

♦ Nach diesem Rezept können Sie auch andere köstliche Saucen zubereiten, indem Sie anstelle der Zucchini Karotten, Blumenkohl, Wirsing oder Paprikaschoten verwenden.

Gelbe Joghurtsauce

Für 4 Personen

Zubereitungszeit: ca. 15 Minuten

1 EL Ghee
¼ TL schwarze Senfkörner
½ cm frische Ingwerwurzel
¼ TL gemahlener schwarzer Pfeffer
1 Msp. Asa foetida
½ TL gemahlener Gelbwurz
1 TL brauner Rohrzucker
1 EL gesiebtes Kichererbsenmehl
125 g Vollmilchjoghurt (S. 125)
100 ml heißes Wasser
1 TL Zitronensaft
etwas Salz

♦ Ghee in einer Pfanne erhitzen. Die Senfkörner dazugeben und einen Deckel auf die Pfanne legen. Sobald die Körner hörbar springen, das Ganze vom Herd nehmen und kurz warten, bis sie sich etwas beruhigt haben.

♦ Den Ingwer schälen und fein raspeln. Ihn ins heiße Fett geben und kurz rösten. Anschließend die übrigen Gewürze, den Zucker sowie das Kichererbsenmehl darunterrühren.

♦ Den Joghurt sowie das Wasser unter die Gewürzmischung rühren und die Sauce einmal aufkochen lassen. Sie mit dem Zitronensaft sowie mit etwas Salz abschmecken.

Tip

Diese Sauce eignet sich ganz besonders für gekochtes Gemüse, wie Bohnen oder Blumenkohl.

Delikate Orangensauce

Für 4 Personen

Zubereitungszeit: ca. 20 Minuten

5–6 unbehandelte Orangen V– P– K+

½ EL Ghee

½ TL gemahlener Gelbwurz

½ TL gemahlener Kardamom

⅛ TL gemahlene Nelken

2–3 Stück ganzer Sternanis

1 TL gemahlener Ingwer

¼ TL gemahlener Zimt

1 Msp. rotes Chilipulver

1 EL brauner Rohrzucker

1–2 TL Reismehl

etwas Salz

♦ 1 Orange dünn schälen und die Schale in feine Stifte schneiden. Alle Orangen auspressen.

♦ Ghee in einem Topf erhitzen und alle Gewürze sowie den Zucker darin rösten.

♦ Das Reismehl in etwas Orangensaft auflösen und zusammen mit dem restlichen Saft sowie mit der Orangenschale zur Gewürzmischung geben.

♦ Das Ganze kurz aufkochen und anschließend für etwa 5 Minuten bei geringer Hitze ziehen lassen. Zum Schluß nach Belieben salzen.

Currysauce mit Teigtropfen

Für 4 Personen

Zubereitungszeit: ca. 30 Minuten

Für die Teigtropfen

2–3 EL Kichererbsenmehl
1–2 EL Reismehl
120 ml Wasser
1 TL Mangopulver
¼ TL Asa foetida
1 frische, grüne Chilischote
½ TL gemahlener Gelbwurz
etwas Salz
1 l Ghee zum Fritieren

Für die Currysauce

1 EL Ghee
¼ TL Asa foetida
1 TL gemahlener Gelbwurz
1 TL gemahlener Ingwer
1 TL gemahlener Kreuzkümmel
1 TL gemahlener Koriander
¼ TL gemahlener Zimt
1 EL Kichererbsenmehl
Saft von ½ Zitrone
300 g Vollmilchjoghurt (S. 125)
½ EL brauner Rohrzucker
etwas Salz

♦ Für die Teigtropfen Kichererbsenmehl, Reismehl, Wasser, Gewürze und etwas Salz zu einem dickflüssigen Teig verrühren.

♦ Ghee in einer hohen Pfanne erhitzen. Teigtropfen in das heiße Fett hineinfallen lassen und knusprig ausbacken. Sie anschließend mit einem Schaumlöffel herausnehmen und auf Küchenpapier abtropfen lassen.

♦ Für die Sauce 1 Eßlöffel Ghee in einem Topf erhitzen und die Gewürze darin kurz rösten.

♦ Das Kichererbsenmehl hinzufügen und unter Rühren anschwitzen. Den Zitronensaft dazugeben und das Ganze unter ständigem Rühren aufkochen lassen.

♦ Den Topf vom Herd nehmen und den Joghurt, den Zucker sowie etwas Salz darunterrühren.

♦ Die fritierten Teigtropfen in die Sauce geben. Das Ganze heiß servieren.

***Gemüsegerichte** sind besonders abwechslungsreich. Grundsätzlich sollten alle Gemüsesorten in Fett und wenig Wasser gedünstet werden, um die wasserlöslichen Vitamine und Aromastoffe nicht herauszuwaschen. Idealerweise erhitzen Sie zuerst das Ghee, geben die Gewürze hinzu, dann das kleingeschnittene Gemüse und löschen das Ganze mit ein wenig heißem Wasser ab. Sie können jedes Gericht ganz individuell Ihrem Typ oder der Jahreszeit anpassen, indem Sie die Dosha-Churnas (S. 23) zum Würzen verwenden.*

Fenchel in Orangensauce

Für 4 Personen
Zubereitungszeit: ca. 45 Minuten

- 3 Fenchelknollen
- 2 unbehandelte Orangen
- ½ unbehandelte Zitrone
- 2 TL gemahlener Ingwer
- 1 TL Chilipulver
- 2–3 EL Rosinen
- 1 Msp. gemahlener Sternanis
- ¼ TL gemahlenes Piment
- 1–2 TL brauner Rohrzucker
- ¼ TL gemahlener Zimt
- etwas Salz, 1–2 EL Ghee

♦ Den Fenchel putzen, waschen und in breite Streifen schneiden. Ghee in einer Pfanne erhitzen, den Fenchel darin bißfest dünsten und leicht salzen.

♦ Die Schale von einer halben Orange und der halben Zitrone dünn abschneiden. Nun die Orangen abschälen, das Fruchtfleisch zerkleinern und die Kerne entfernen. Die Zitrone auspressen.

♦ Zitrusschalen, Orangenfruchtfleisch, Zitronensaft und die übrigen Zutaten zu einer Sauce pürieren und über die Fenchelscheiben geben.
(auf dem Foto: oben)

Zucchini in Rahmsauce

Für 4 Personen
Zubereitungszeit: ca. 25 Minuten

- 1 kg Zucchini — V– P– K+
- 4 EL Ghee
- ½ TL schwarze Senfkörner
- ½ TL ganzer Kreuzkümmel
- ½ TL gemahlener Kreuzkümmel
- ½ TL gemahlener Koriander
- ½ TL gemahlener Ingwer
- ½ TL gemahlener Gelbwurz
- 1 Msp. gemahlener schwarzer Pfeffer
- 125 g Crème fraîche — V– P– K+
- etwas Salz

♦ Die Zucchini putzen, waschen und in ½ cm dicke Scheiben schneiden.

♦ 2 Eßlöffel Ghee in einer gußeisernen Pfanne erhitzen und die Zucchinischeiben darin goldbraun braten.

♦ In einem Topf 2 Eßlöffel Ghee erhitzen, die Senfkörner sowie den ganzen Kreuzkümmel hineingeben und sofort den Topf schließen.

♦ Sobald die Senfkörner hörbar springen, den Topf vom Herd nehmen und kurz warten, bis sich der Senf etwas beruhigt hat. Dann die übrigen Gewürze hinzufügen und leicht rösten. Die Crème fraîche darunterrühren. Evtl. noch etwas Wasser dazugeben.

♦ Zum Schluß die Zucchinischeiben dazugeben und alles nach Belieben salzen.
(auf dem Foto: unten)

Spargel-Zucchini-Gemüse mit Basilikumsauce

Für 4 Personen
Zubereitungszeit: ca. 30 Minuten

1 kg weißer oder grüner Spargel	V– P– K–
2–3 Zucchini	V– P– K+
1 Bund frisches Basilikum	
etwas Salz	
1 EL Ghee	
1–2 EL Weizenmehl Type 405	
1 Prise geriebener Muskat	
1 Prise gemahlener schwarzer Pfeffer	
200 g süße Sahne	

♦ Den Spargel schälen, unten etwas kürzen und in etwa 3 cm lange Stücke schneiden. Die Zucchini putzen, waschen und grob würfeln. Die Basilikumblättchen von den Stielen zupfen und grob hacken.

♦ Den Spargel und die Zucchini in wenig Salzwasser in etwa 20 Minuten gardünsten.

♦ Ghee in einem Topf schmelzen lassen. Mehl, Muskat, Pfeffer, Sahne und Basilikum hinzugeben. Das Ganze fein pürieren und anschließend kurz aufkochen lassen. Die Sauce mit etwas Wasser aus dem anderen Topf ein wenig verdünnen und leicht weiterköcheln lassen.

♦ Sobald der Spargel weich ist, das Gemüse auf einem Teller anrichten und die Sauce darübergießen.

Pikante Steckrüben

Für 4 Personen

Zubereitungszeit: ca. 45 Minuten

1 große Steckrübe	V+ P+ K−
½ frische, grüne Chilischote	
1 cm frische Ingwerwurzel	
2 EL Ghee	
¼ TL Asa foetida	
1 TL gemahlener Gelbwurz	
1 TL gemahlener Kreuzkümmel	
1 TL gemahlener Koriander	
½ TL Mangopulver	
1 TL Bockshornkleeblätter	
200 g Crème fraîche	
etwas Salz	

♦ Die Steckrübe schälen und grob würfeln. Die Chilischote waschen, längs halbieren, entkernen und fein hacken. Den Ingwer schälen und sehr fein raspeln.

♦ Ghee in einem Topf erhitzen. Chili, Ingwer und Asa foetida darin rösten. Anschließend die restlichen Gewürze sowie die Rübenwürfel hinzufügen und alles etwa 30 Minuten bei mittlerer Hitze im geschlossenen Topf garen.

♦ Die Crème fraîche zu den Steckrübenwürfeln geben und das Gericht mit Salz nach Belieben abschmecken. Das Ganze noch einmal kurz aufkochen und etwa 5 Minuten bei geringer Hitze ziehen lassen.

Aromatischer Rosenkohl

Für 4 Personen

Zubereitungszeit: ca. 45 Minuten

V – P – K –

500 g Rosenkohl
1 EL Ghee
230 ml Wasser
1 TL Reismehl
1–2 EL Kokosmilchpulver
1/4 TL Asa foetida
1/4 TL rotes Chilipulver
1/4 TL gemahlener Zimt
1 TL gemahlener Gelbwurz
1/2 TL gemahlener Kreuzkümmel
1 TL gemahlener Koriander
1 EL brauner Rohrzucker
Saft von 1/2 Zitrone
etwas Salz

♦ Den Rosenkohl putzen, waschen und halbieren.

♦ Ghee in einem Topf erhitzen, den Rosenkohl hinzugeben und darin kurz anbraten. Etwa zwei Drittel des Wassers hinzugießen und das Gemüse in etwa 25 Minuten garköcheln lassen. Den Rosenkohl herausnehmen und beiseite stellen.

♦ Inzwischen das Reismehl in 2 bis 3 Teelöffeln kaltem Wasser anrühren. Das angerührte Mehl zusammen mit etwa 60 ml warmem Wasser, dem Kokosmilchpulver, den Gewürzen, dem Zitronensaft sowie mit dem Salz in dem Topf verquirlen und unter Rühren erhitzen.

♦ Sobald die Sauce andickt, den Rosenkohl darunterrühren und alles noch etwa 5 Minuten bei geringer Hitze ziehen lassen.

Hinweis

Alle Kohlsorten vermehren VATA und besänftigen PITTA sowie KAPHA.

Blumenkohl-Rosinen-Curry

Für 4 Personen
Zubereitungszeit: ca. 50 Minuten

1 Blumenkohl
½ frische, grüne Chilischote
1 cm frische Ingwerwurzel
2 EL Ghee
½ TL ganzer, schwarzer Kreuzkümmel
¼ TL Asa foetida
1 TL brauner Rohrzucker
1 TL Bockshornkleeblätter
¼ TL gemahlener Zimt
1 TL gemahlener Gelbwurz
¼ TL gemahlener Kümmel
100 g Rosinen
50 g gehackte Mandeln
230 ml heißes Wasser
etwas Salz
200 g Crème fraîche
einige Tropfen Zitronensaft

♦ Den Blumenkohl waschen und in kleine Röschen zerteilen. Die Chilischote waschen, entkernen und fein hacken. Den Ingwer schälen und fein raspeln.

♦ Ghee in einem Topf erhitzen, Kreuzkümmel, Chili, Ingwer, Asa foetida und Zucker darin anbraten.

♦ Nun die übrigen Gewürze, den Blumenkohl, die Rosinen, die Mandeln sowie das heiße Wasser hinzufügen und alles etwa 20 Minuten zugedeckt köcheln lassen. Der Blumenkohl soll weich sein, aber noch etwas Biß haben.

♦ Salz, Crème fraîche und Zitronensaft hinzufügen, alles noch einmal kurz aufkochen und für weitere 5 Minuten bei geringer Hitze ziehen lassen.

Variationen

♦ Anstelle von Crème fraîche können Sie auch sehr gut Kokosmilch verwenden.

♦ Noch würziger schmeckt dieses Curry, wenn Sie den Blumenkohl gegen Wirsing oder Weißkohl austauschen.

Blumenkohl mit Karotten

Für 4 Personen

Zubereitungszeit: ca. 50 Minuten

- ½ Blumenkohl — V+ P– K–
- 5–7 Karotten — V– P+ K–
- 2 EL Ghee
- 1 TL rotes Chilipulver
- ⅛ TL Asa foetida
- 1–2 TL brauner Rohrzucker
- 1 TL gemahlener Gelbwurz
- ½ TL gemahlener Zimt
- 3–4 frische Curryblätter
- 100 ml heißes Wasser
- 200 g Crème fraîche
- etwas Salz
- einige Tropfen Zitronensaft

♦ Den Blumenkohl waschen und in kleine Röschen zerteilen. Die Karotten putzen, schälen und grob würfeln.

♦ Ghee in einem Topf erhitzen, Chili, Asa foetida und den Zucker darin rösten. Dann die übrigen Gewürze, die Curryblätter, die Karotten, den Blumenkohl sowie das heiße Wasser hinzufügen und das Ganze etwa 20 Minuten bei mittlerer Hitze köcheln lassen, bis das Gemüse gar ist.

♦ Anschließend die Crème fraîche darunterrühren, das Gemüse mit etwas Salz abschmecken und alles weitere 5 Minuten leicht köcheln lassen. (auf dem Foto: oben)

Würzige rote Beten

Für 4 Personen

Zubereitungszeit: ca. 1 ½ Stunden

- 1 kg rote Beten — V– P+ K–
- 1 frische grüne Chilischote
- 1 EL Ghee
- 1 TL schwarze Senfkörner
- 1 TL ganzer Kreuzkümmel
- 1 TL gemahlener Kreuzkümmel
- 1 TL gemahlener Koriander
- je 1 TL gemahlener Ingwer und Gelbwurz
- ¼ TL Asa foetida
- ¼ TL gemahlener Zimt
- 1 TL brauner Rohrzucker
- 1 TL Bockshornkleeblätter
- Saft von 2 Zitronen
- 125 ml heißes Wasser
- ¼ l Crème fraîche, etwas Salz

♦ Die roten Beten schälen und grob würfeln. Die Chilischote waschen, längs halbieren, entkernen und fein hacken.

♦ Ghee in einem schweren Topf erhitzen, die Senfkörner sowie den ganzen Kreuzkümmel dazugeben und den Topf sofort schließen. Sobald die Körner hörbar springen, das Ganze vom Herd nehmen und kurze Zeit warten, bis sie sich wieder beruhigt haben.

♦ Nun die übrigen Gewürze, die Chilischote, den Zucker sowie die Bockshornkleeblätter dazugeben und kurz im heißen Fett rösten.

♦ Die roten Beten, den Zitronensaft sowie das Wasser hinzufügen und alles etwa 1 Stunde unter gelegentlichem Rühren bei mittlerer Hitze köcheln lassen. Anschließend die Crème fraîche darunterrühren, alles mit Salz abschmecken und für weitere 5 Minuten bei geringer Hitze ziehen lassen. (auf dem Foto: unten)

Pastinakengemüse

Für 4 Personen

Zubereitungszeit: ca. 50 Minuten

1 kg Pastinaken — V – P – K –

1 EL Ghee

1 TL schwarze Senfkörner

1 TL ganzer Kreuzkümmel

½ TL gemahlener Ingwer

½ TL gemahlener Gelbwurz

1 TL gemahlener Koriander

¼ TL gemahlener schwarzer Pfeffer

125 ml heißes Wasser

2 TL Zitronensaft

200 g Crème fraîche

etwas Salz

♦ Die Pastinaken schälen und würfeln.

♦ Ghee in einem schweren Topf erhitzen, die Senfkörner sowie den ganzen Kreuzkümmel dazugeben und den Topf sofort schließen. Sobald die Körner hörbar springen, das Gefäß vom Herd nehmen und kurze Zeit warten, bis sich die Körner etwas beruhigt haben.

♦ Nun die übrigen Gewürze, die Pastinaken sowie das heiße Wasser hinzufügen und alles in etwa 30 Minuten garköcheln lassen.

♦ Die Crème fraîche, den Zitronensaft und etwas Salz darunterrühren. Das Ganze noch einmal kurz aufkochen lassen und dann servieren.

Variation

Anstelle der Crème fraîche können Sie auch 200 g Tomatensauce verwenden.

Brennesselcurry

Für 4 Personen
Zubereitungszeit: ca. 30 Minuten

500 g frische Brennesseln	V + P – K –
1 EL Ghee	
1/8 TL Asa foetida	
1/2 TL gemahlener Ingwer	
1/2 TL gemahlener Piment	
1/4 TL gemahlener schwarzer Pfeffer	
1/4 TL gemahlene Muskatblüte	
1/2 TL gemahlener Gelbwurz	
200 g Crème fraîche	
etwas Salz	
evtl. etwas Kichererbsenmehl	

♦ Die Brennesseln gut waschen und fein hacken.

♦ Ghee in einem großen Topf erhitzen. Zuerst die Gewürze darin rösten, dann die Brennesseln hinzufügen und das Ganze 5 bis 10 Minuten zugedeckt dünsten.

♦ Die Crème fraîche sowie etwas Salz dazugeben und alles nochmals 5 Minuten bei geringer Hitze ziehen lassen.

Tip

Sollte das Curry noch sehr flüssig sein, können Sie es mit etwas Kichererbsenmehl andicken.

Rotkohl mit Äpfeln und Pflaumen

Für 4 Personen

Zubereitungszeit: ca. 1 Stunde

1 kleiner Rotkohl	V+ P+ K–
2 Äpfel	V+ P– K–
1–2 EL Ghee	
⅛ TL gemahlener Sternanis	
¼ TL gemahlener Zimt	
¼ TL gemahlener schwarzer Pfeffer	
¼ TL gemahlener Kardamom	
1 TL Bockshornkleeblätter	
100 g Backpflaumen	V– P– K+
1–2 EL Rosinen	
1–2 EL Zuckerrübensirup	
125 ml Wasser	
Saft von ½ Zitrone	
etwas Salz	

♦ Den Rotkohl waschen und in schmale Streifen schneiden. Die Äpfel schälen, vierteln, die Kerngehäuse herausschneiden und das Fruchtfleisch würfeln.

♦ Ghee in einem Topf erhitzen und die Gewürze darin rösten.

♦ Rotkohl, Apfelwürfel, Pflaumen, Rosinen, Sirup und heißes Wasser hinzufügen. Das Ganze in etwa 40 Minuten unter gelegentlichem Rühren garkochen lassen. Eventuell etwas Wasser hinzufügen, denn das Gemüse setzt leicht an.

♦ Zum Schluß den Zitronensaft hinzufügen und mit etwas Salz nach Belieben abschmecken.
(auf dem Foto: oben)

Variation

Vor dem Servieren können Sie noch etwa 200 g Crème fraîche unter das Gemüse rühren.

Brokkoli mit Safransauce

Für 4 Personen

Zubereitungszeit: ca. 40 Minuten

1 kg Brokkoli	V+ P– K–
2 EL Ghee	
etwas Salz	
1–2 EL Kichererbsenmehl	
1 Prise gemahlener Safran	
1 Prise Asa foetida	
⅛ TL gemahlener schwarzer Pfeffer	
⅛ TL geriebener Muskat	
½ TL getrockneter Majoran	
1 TL brauner Rohrzucker	
250 g süße Sahne	

♦ Den Brokkoli putzen, waschen und in kleine Röschen zerteilen. Die größeren Stiele in Stifte schneiden.

♦ 1 Eßlöffel Ghee in einer Pfanne erhitzen und die Brokkoliröschen und -stifte darin kurz anbraten. Sie dann bei mittlerer Hitze zugedeckt in etwa 20 Minuten garköcheln lassen. Den Brokkoli nach Belieben salzen.

♦ 1 Eßlöffel Ghee in einem Topf erhitzen, das Mehl darin kurz anrösten und die Gewürze, den Zucker sowie die Sahne hinzufügen.

♦ Das Ganze unter ständigem Rühren aufkochen lassen und mit Salz nach Belieben abschmecken. Die Sauce über den Brokkoli geben.
(auf dem Foto: unten)

Bombay-Kartoffeln

Für 4 Personen

Zubereitungszeit: ca. 50 Minuten

500 g Kartoffeln	V+ P– K–
4–5 grüne Paprikaschoten	V– P+ K–
1–2 rote Paprikaschoten	V– P+ K–
1 frische, grüne Chilischote	
1–2 EL Ghee	
1–2 TL Paprikapulver, edelsüß	
1 TL gemahlener Koriander	
½ TL rotes Chilipulver	
etwas Salz	
200 ml heißes Wasser	

♦ Die Kartoffeln schälen, waschen und grob würfeln. Die Paprikaschoten sowie die Chilischote waschen, längs halbieren und entkernen. Die Paprika in schmale Streifen schneiden, die Chilischote fein hacken.

♦ Ghee in einem Topf erhitzen und die Chili kurz darin rösten.

♦ Die Kartoffeln, die Paprikastreifen, die übrigen Gewürze, etwas Salz und das Wasser hinzugeben und das Ganze in etwa 30 Minuten garkochen lassen.
(auf dem Foto: oben)

Süßkartoffeln in Kokossauce

Für 4 Personen

Zubereitungszeit: ca. 25 Minuten

2–3 Süßkartoffeln	V– P– K+
1 cm frische, grüne Chilischote	
1 EL Ghee	
1 TL gemahlener Gelbwurz	
½ TL gemahlener Zimt	
2 TL Mangopulver	
2 TL Basilikumblätter	
¼ TL gemahlener Sternanis	
2 EL Kokosmilchpulver	
125 ml heißes Wasser	
1–2 EL Kokosflocken	
etwas Salz	

♦ Die Süßkartoffeln schälen, waschen und in 1 cm dicke Scheiben schneiden. Chilischote waschen, längs halbieren, entkernen und fein hacken.

♦ Ghee in einem Topf erhitzen und die Chilischote kurz darin rösten. Die übrigen Gewürze sowie die Süßkartoffeln hinzufügen und anbraten.

♦ Das Kokosmilchpulver mit dem heißen Wasser anrühren und zusammen mit den Kokosflocken zum Gemüse geben. Das Ganze in etwa 5 Minuten garkochen lassen. Falls die Flüssigkeit vorzeitig verkocht sein sollte, noch etwas Wasser hinzufügen.

♦ Zum Schluß das Ganze mit Salz abschmecken.
(auf dem Foto: unten)

Köstliche Schlemmer-Nuß-Mischung

Für 4 Personen
Zubereitungszeit: ca. 10 Minuten

1–2 EL Ghee
100 g Cashewkerne
100 g Mandelsplitter
100 g gehackte Walnüsse
100 g Rosinen
¼ TL rotes Chilipulver
1–2 TL brauner Rohrzucker
100 g Kokosraspeln
etwas Salz

♦ Ghee in einer Pfanne erhitzen. Die Cashewkerne hacken und zusammen mit den übrigen Nüssen in das heiße Fett geben.

♦ Rosinen, Chilipulver sowie Zucker ebenfalls dazugeben und das Ganze unter Rühren goldbraun rösten.

♦ Anschließend die Kokosraspeln darauf streuen und die Nußmischung mit Salz abschmecken.

Kürbiswürfel an pikanter Kürbiscreme

Für 4 Personen
Zubereitungszeit: ca. 60 Minuten

1 fester orangeroter Kürbis
1–2 EL Ghee
¼ TL gemahlener Kreuzkümmel
⅛ TL gemahlenes Piment
⅛ TL gemahlener schwarzer Pfeffer
⅛ TL gemahlener Zimt
1 Msp. gemahlene Nelken
2–3 Zweige frischer Koriander
1–2 EL süße Sahne
½ TL Salz
1–2 TL brauner Rohrzucker
250 ml heißes Wasser

♦ Den Kürbis halbieren, entkernen und die Hälfte des Fruchtfleisches in Würfel schneiden. Ein Backblech einfetten und die Kürbiswürfel darauf legen. Sie im Ofen bei 180 °C etwa 30 Minuten backen, bis sie weich und leicht gebräunt sind.

♦ Inzwischen das restliche Fruchtfleisch grob zerkleinern. Ghee in einem Topf erhitzen, die gemahlenen Gewürze darin kurz anbraten. Den Kürbis und etwas heißes Wasser dazugeben, und das Ganze etwa 30 Minuten leicht köcheln lassen.

♦ Inzwischen die Korianderblätter von den Stielen zupfen und grob hacken. Sie ebenfalls in den Topf geben. Sobald der Kürbis weich ist, das Ganze fein pürieren und mit der Sahne, dem Salz und dem Zucker feinwürzig abschmecken.

♦ Die Kürbiswürfel aus dem Backofen nehmen und zusammen mit der Creme servieren.

Panir

(Frischkäse)

Für 4 Personen
Zubereitungszeit: ca. 20 Minuten

2 l frische Vollmilch V – P – K +
Saft von 2–3 Zitronen

♦ Wenig Wasser in einem tiefen Topf kurz erhitzen. Dann die Milch hinzufügen und das Ganze weiter erhitzen.

♦ Kurz vor dem Siedepunkt den Topf vom Herd nehmen und den Zitronensaft vorsichtig mit einem Schaumlöffel darunterheben. Nicht rühren, da das Panir sonst zu feinkörnig wird. Sollte sich das Eiweiß nach kurzer Zeit nicht von der Molke trennen, noch etwas Zitronensaft vorsichtig darunterheben.

♦ Sobald das Eiweiß vollständig ausgeflockt ist, das Panir in ein feinmaschiges Sieb geben und abtropfen lassen. Die feste Masse in Würfel schneiden.

Spinat mit Panir

Für 4 Personen
Zubereitungszeit: ca. 30 Minuten

300 g Spinat V + P + K –
3 Tomaten V + P + K +
1 frische, grüne Chilischote
2 EL Ghee
je ½ TL ganzer Kreuzkümmel und Asa foetida
1 TL getrocknete rote Linsen
1 TL gemahlener Koriander
½ TL gemahlener Zimt
je ¼ TL gemahlene Nelken und Kardamom
¼ TL Zucker
200 g Panirwürfel (S. 114) V – P – K +
1 EL süße Sahne, etwas Salz

♦ Den Spinat sorgfältig waschen und fein hacken. Die Tomaten waschen und würfeln. Die Chilischote waschen, halbieren, entkernen und fein hacken.

♦ Ghee in einem Topf erhitzen. Kreuzkümmel, Chili, Asa foetida und rote Linsen kurz darin rösten. Die Tomaten hinzufügen und alles 3 Minuten dünsten.

♦ Den Spinat, die übrigen Gewürze und den Zucker hinzufügen und alles 8 Minuten köcheln lassen.

♦ Den Panir, die Sahne sowie etwas Salz dazugeben und alles bei geringer Hitze etwa 5 Minuten ziehen lassen. Nicht mehr umrühren.

Erbsen und Panir in würziger Sauce

Für 4 Personen

Zubereitungszeit: ca. 45 Minuten

ca. 1 l Ghee

200 g Panirwürfel (S. 114) V– P– K+

½ frische, grüne Chilischote

½ frische Ingwerwurzel

2 Tomaten V+ P+ K+

½ TL ganzer Kreuzkümmel

¼ TL Asa foetida

1 TL gemahlener Koriander

½ TL gemahlener Kreuzkümmel

½ TL gemahlener Zimt

1 TL gemahlener Gelbwurz

½ TL gemahlener Kardamom

300 g frische grüne Erbsen V+ P– K–

½ TL Zitronensaft

etwas Salz

♦ Knapp 1 l Ghee in einer hohen Pfanne erhitzen und die Panirwürfel darin goldbraun ausbacken. Sie aus dem Fett herausnehmen und beiseite stellen.

♦ Die Chilischote waschen, entkernen und fein hacken. Den Ingwer schälen und fein hacken. Die Tomaten waschen und würfeln.

♦ 2 Eßlöffel Ghee in einem Topf erhitzen, den ganzen Kreuzkümmel, Chilischote, Ingwer, Asa foetida und Tomatenwürfel darin anbraten.

♦ Nach etwa 2 Minuten die gemahlenen Gewürze sowie die Erbsen dazugeben. Das Ganze etwa 15 Minuten bei mittlerer Hitze leicht köcheln lassen.

♦ Anschließend die Panirwürfel sowie den Zitronensaft hinzufügen und das Ganze mit Salz abschmecken. Es für weitere 5 Minuten bei geringer Hitze ziehen lassen.

Zucchini-Basilikum-Püree

Für 4 Personen

Zubereitungszeit: ca. 20 Minuten

- 4 Zucchini — V – P – K +
- 2 EL Ghee
- etwas Salz
- 1 Msp. gemahlener schwarzer Pfeffer
- 1/8 TL geriebenes Muskat
- 1 Bund Basilikum — V – P + K –
- 1–2 EL süße Sahne
- 4–5 EL heißes Wasser

♦ Die Zucchini putzen, waschen und grob würfeln. Ghee in einer Pfanne erhitzen, die Zucchiniwürfel dazugeben und bei mittlerer Hitze garen.

♦ Salz, Pfeffer, Muskat sowie heißes Wasser hinzugeben.

♦ Das Basilikum waschen und zusammen mit der Sahne zum Gemüse geben. Das Ganze fein pürieren.
(auf dem Foto: links)

Karotten-Koriander-Püree

Für 4 Personen

Zubereitungszeit: ca. 35 Minuten

- 1 kg Karotten — V – P + K –
- 1 EL Ghee
- 800 ml heißes Wasser
- 1 Bund frisches Korianderkraut — V – P – K –
- 1–2 EL süße Sahne
- etwas Salz
- 1/8 TL gemahlener schwarzer Pfeffer
- 1/4 TL gemahlener Ingwer
- 1/4 TL gemahlener Koriander

♦ Die Karotten putzen, waschen und grob würfeln.

♦ Ghee in einem Topf erhitzen, die Karottenwürfel hineingeben und kurz anbraten. Anschließend das heiße Wasser dazugießen und das Gemüse in etwa 20 Minuten weich kochen.

♦ Das Korianderkraut waschen, grob hacken und zu den Karottenwürfeln geben. Das Ganze fein pürieren, die Sahne darunterrühren und mit Salz, Pfeffer, Ingwer sowie Koriander abschmecken. (auf dem Foto: rechts)

Variation

Statt mit Koriander können Sie diesem Püree auch mit gehackter Petersilie oder Kerbel eine köstliche Note verleihen. Probieren Sie doch auch einmal aus, wie herrlich frische Minze in diesem Püree schmeckt.

Weißkohl mit Zimt und Nelken

Für 4 Personen
Zubereitungszeit: ca. 50 Minuten

- 1 kleiner Weißkohl V+ P– K–
- 1/2 frische Ingwerwurzel
- 2 EL Ghee
- 1 TL brauner Rohrzucker
- 1/2 TL gemahlener Gelbwurz
- 1/4 TL gemahlener Zimt
- 1/4 TL gemahlener Koriander
- 1 Msp. gemahlener Kardamom
- 1 Msp. gemahlene Nelken
- 3–4 EL heißes Wasser
- etwas Salz
- 1 Msp. gemahlener schwarzer Pfeffer
- Saft von 1/2 Orange

◆ Den Weißkohl waschen und in feine Streifen schneiden. Den Ingwer schälen und fein würfeln.

◆ Ghee in einer Pfanne erhitzen und den Ingwer sowie den Zucker darin rösten.

◆ Die restlichen Gewürze, den Weißkohl sowie das heiße Wasser zur Zucker-Ingwer-Mischung geben und in etwa 30 Minuten gardünsten.

◆ Das Ganze mit Salz, Pfeffer und Orangensaft nach Belieben abschmecken.
(auf dem Foto: oben)

Variation

Dieses feinwürzige Weißkohlgericht können Sie mit etwa 3 Eßlöffeln Sultaninen verfeinern.

Grüne Bohnen in Joghurtsauce

Für 4 Personen
Zubereitungszeit: ca. 35 Minuten

- 1 kg Strauchbohnen V+ P– K–
- 1/4 frische, grüne Chilischote
- 2 EL Ghee
- 2 EL Kichererbsenmehl
- 1 TL brauner Rohrzucker
- 1/4 TL Asa foetida
- 1/2 TL gemahlener Gelbwurz
- 1/2 TL schwarze Senfkörner
- 1/2 TL gemahlener Ingwer
- 250 g frischer Vollmilchjoghurt V– P+ K+
- etwas Salz
- etwas gemahlener Pfeffer
- 2 TL Zitronensaft

◆ Die Bohnen waschen, abtropfen lassen, die Stielansätze abschneiden und dabei die Fäden entfernen. Die Spitzen der Bohnen kappen und dann die Bohnen quer halbieren. Die Chilischote waschen, entkernen und fein würfeln.

◆ Etwa 1 l Salzwasser zum Kochen bringen und das Gemüse darin in etwa 8 Minuten weich kochen. Anschließend abgießen und das Kochwasser auffangen.

◆ Ghee in einem Topf erhitzen. Das Kichererbsenmehl, den Zucker sowie die Gewürze dazugeben und unter kräftigem Rühren anschwitzen lassen. Anschließend den Joghurt hinzufügen und das Ganze mit so viel Bohnenwasser verrühren, bis eine cremige Sauce entsteht. Sie mit Salz, Pfeffer und Zitronensaft abschmecken.

◆ Die Bohnen zusammen mit der Joghurtsauce servieren.
(auf dem Foto: unten)

***Fruchtcurrys** sind köstlich pikant.*
Obst und Gewürze lassen sich wunderbar kombinieren. Das Aroma der Gewürze verstärkt den frischen Geschmack der Früchte. Dies regt Agni an.

Bananencurry

Für 4 Personen
Zubereitungszeit: ca. 15 Minuten

4–5 feste, nicht ganz reife Bananen — V – P – K +
1–2 EL Ghee
1 TL ganzer Kreuzkümmel
1 TL gemahlener Ingwer
¼ TL rotes Chilipulver
1 TL gemahlener Zimt
1 TL gemahlener Gelbwurz
3 EL Wasser
150 g süße Sahne
etwas Salz

◆ Die Bananen schälen und in Scheiben schneiden. Ghee in einer Pfanne erhitzen und den ganzen Kreuzkümmel darin rösten.

◆ Die übrigen Gewürze, die Bananenscheiben sowie das Wasser hinzufügen und alles etwa 3 Minuten köcheln lassen.

◆ Anschließend die Sahne unter das Curry rühren und das Gericht mit Salz nach Belieben abschmecken.

Pfirsichcurry

Für 4 Personen

Zubereitungszeit: ca. 20 Minuten

5–6 reife Pfirsiche (V– P– K+)
1 EL Ghee
½ TL gemahlener Zimt
¼ TL gemahlene Nelken
1 TL gemahlener Kreuzkümmel
1 TL gemahlener Gelbwurz
¼ TL rotes Chilipulver
3–4 Stücke Sternanis
½ TL gemahlener Ingwer
½ TL gemahlener Fenchel
125 g süße Sahne (V– P– K+)
2–3 EL brauner Rohrzucker
etwas Salz

♦ Die Pfirsiche waschen, halbieren, entsteinen und grob würfeln.

♦ Ghee in einem Topf erhitzen und die Gewürze darin anbraten.

♦ Die Pfirsichwürfel sowie etwas Zucker und Wasser dazugeben und das Ganze etwa 5 Minuten leicht köcheln lassen. Anschließend die Sahne darunterrühren und das Curry mit Zucker und Salz feinwürzig abschmecken. Nochmals etwa 5 Minuten ziehen lassen.

Variation

Sie können statt der Pfirsiche auch Honigmelonen oder Papayas verwenden.

Mandarinen-Rosinen-Curry

Für 4 Personen
Zubereitungszeit: ca. 20 Minuten

1 kg Mandarinen oder Clementinen	V– P– K+
3–4 EL Rosinen	P– K+
1 cm frische Ingwerwurzel	
½ frische rote Chilischote	
½ TL gemahlener Kreuzkümmel	
½ TL gemahlener Koriander	
½ TL gemahlener Gelbwurz	
⅛ TL gemahlener Sternanis	
¼ TL gemahlenes Piment	
1–2 TL brauner Rohrzucker	
¼ TL gemahlener Zimt	
100 g Crème fraîche	
1 EL Ghee	
etwas Salz	
etwas Zitronensaft	

♦ Die Mandarinen schälen, in die einzelnen Segmente zerlegen und die weißen Fasern sowie die Kerne sorgfältig entfernen.

♦ Den Ingwer schälen und fein hacken. Die Chilischote waschen, längs halbieren, entkernen und ebenfalls fein hacken.

♦ Ghee in einem Topf erhitzen und alle Gewürze darin rösten.

♦ Die Mandarinen und die Rosinen hinzufügen und das Ganze bei geringer Hitze etwa 10 Minuten köcheln lassen.

♦ Das Curry mit Crème fraîche, Salz und Zitronensaft nach Belieben abschmecken. Weitere 10 Minuten zugedeckt ziehen lassen.

Reisgerichte sind nicht nur leicht und bekömmlich, sondern lassen sich in immer neuen Variationen schmackhaft und abwechslungsreich zubereiten.

Basmatireis

Für 4 Personen

Zubereitungszeit: ca. 40 Minuten

2 Tassen Basmatireis V – P – K +
4 Tassen Wasser
1 TL Salz

♦ Den Reis waschen und zusammen mit 4 Tassen Wasser in einen Topf geben. Ihn für etwa 20 Minuten einweichen.

♦ Das Salz dazugeben und alles etwa 4 Minuten sprudelnd kochen. Dann den Reis vom Herd nehmen und ausquellen lassen. So wird er besonders körnig.

Tip

Auf dieselbe Weise können Sie auch Weizengrütze (Bulgur) und Hirse zubereiten.

Variation

Abwechslung können Sie in das Reisgericht bringen, indem Sie einige grüne Erbsen oder feingeraspelte Karotten mitkochen oder 1 Prise Gelbwurz dazugeben.

Joghurtreis

Für 4 Personen

Zubereitungszeit: ca. 20 Minuten

1–2 EL Ghee
1 TL schwarze Senfkörner
2 Tassen Basmatireis V – P – K +
½ TL brauner Rohrzucker
1 Prise Asa foetida
4 Tassen heißes Wasser
500 g Vollmilchjoghurt (S. 125) V – P – K +
etwas Salz

♦ Ghee in einem Topf erhitzen, die Senfkörner hinzufügen und das Gefäß sofort schließen. Sobald die Körner hörbar springen, den Topf vom Herd nehmen und warten, bis sie sich etwas beruhigt haben.

♦ Nun den Reis, den Zucker sowie das Asa foetida hinzufügen und alles unter Rühren rösten.

♦ Das heiße Wasser dazugeben und den Reis etwa 5 Minuten sprudelnd kochen lassen. Ihn vom Herd nehmen und das Ganze so lange quellen lassen, bis das Wasser vollständig vom Reis aufgenommen worden ist.

♦ Anschließend den Joghurt darunterrühren und den Reis nach Belieben mit Salz abschmecken.

Ananasreis

Für 4 Personen

Zubereitungszeit: ca. 30 Minuten

1 große Ananas	V– P– K+
1 EL Ghee	
3 EL brauner Rohrzucker	
1 Tasse Basmatireis	V– P– K+
3 Tassen kaltes Wasser	
etwas Salz	

♦ Die Ananas schälen, längs vierteln und den harten Mittelstrunk herausschneiden. Das Fruchtfleisch würfeln.

♦ Ghee in einem Topf erhitzen und den Zucker darin schmelzen lassen. Die Ananaswürfel dazugeben und das Ganze für etwa 5 Minuten leicht köcheln lassen.

♦ Inzwischen den Reis waschen und zusammen mit 3 Tassen kaltem Wasser und etwas Salz zum Kochen bringen. Den Reis etwa 5 Minuten sprudelnd kochen lassen, anschließend vom Herd nehmen und so lange quellen lassen, bis er das Wasser vollständig aufgenommen hat.

♦ Den Reis unter die Ananasstücke rühren.

Variationen

♦ Geben Sie gleich zu Beginn etwa 2 Eßlöffel Kokosmilchpulver, 8 bis 10 Trockenpflaumen sowie 1 Messerspitze Safranpulver zu den gewürfelten Ananasstücken.

♦ Anstelle der Ananas können Sie auch Äpfel oder Mangos verwenden.

***Lassi** ist ein besonders leicht verdauliches Joghurtgetränk. Es wird zum Ausklang eines Menüs gereicht, damit die Nahrung besser vom Körper aufgenommen werden kann.*

Vollmilchjoghurt

Für 4 Personen
Zubereitungszeit: ca. 12 Stunden

½ l frische Vollmilch
2 EL Joghurt mit rechtsdrehender Milchsäure

♦ Die Milch in einen Topf geben und kurz aufkochen lassen. Sie dann vom Herd nehmen und auf Körpertemperatur abkühlen lassen.

♦ Den Joghurt unter die abgekühlte Milch rühren, das Ganze in eine Thermoskanne füllen und über Nacht ruhig stehen lassen, damit der Joghurt fest wird.

Lassi

Für 4 Personen
Zubereitungszeit: ca. 3 Minuten

300 mg Vollmilchjoghurt (S. 125)
600 ml Quellwasser
1 Prise gemahlener Sternanis
1 Prise gemahlener Ingwer
1 Prise gemahlener Kardamom
1–2 EL brauner Rohrzucker

♦ Alle Zutaten miteinander verquirlen. Das Lassi lauwarm servieren.

Hinweis

Am besten für Ihre Gesundheit ist Lassi ohne Früchte. Trinken Sie deshalb hauptsächlich süßes oder salziges Gewürzlassi.

Variationen

♦ Wenn Sie Ihr Lassi zusätzlich mit Kreuzkümmel, Ingwer und Salz würzen, können Sie Ihr VATA besänftigen.

♦ Kreuzkümmel, Koriander und Steinsalz beruhigen PITTA.

♦ Eine Zugabe von Honig besänftigt KAPHA.

♦ Mit ein paar Tropfen Rosenwasser können Sie alle Doshas ausgleichen.

Köstliches Bananen-Lassi

Für 4 Personen
Zubereitungszeit: ca. 3 Minuten

¼ reife Banane
500 g Vollmilchjoghurt (S. 125)
½ l Wasser
125 g süße Sahne
1–2 EL brauner Rohrzucker
1 EL Mangosirup

♦ Die Banane schälen und grob zerkleinern. Sie zusammen mit den übrigen Zutaten in einem Mixer gut verquirlen. Das Bananen-Lassi kühl servieren.
(auf dem Foto: links)

Mango-Lassi

Für 4 Personen
Zubereitungszeit: ca. 5 Minuten

1 reife Mango
300 g Vollmilchjoghurt (S. 125)
600 ml Quellwasser
1 EL brauner Rohrzucker

♦ Die Mango schälen, halbieren, das Fruchtfleisch vom Stein abschneiden und zusammen mit den übrigen Zutaten pürieren. Das Mango-Lassi kühl servieren
(auf dem Foto: rechts)

Hinweis

Mangos gleichen alle drei Doshas aus.

Abendessen

Nehmen Sie das Abendessen so früh wie möglich ein, idealerweise zwischen 17 und 19 Uhr. Wenn die Natur beginnt, sich zur Ruhe zu begeben, dominiert KAPHA. Die Verdauungskraft ist nicht mehr so stark, deshalb eignet sich ein leichtes Abendessen am besten.

***Suppen** sind heiß und leicht – also ein ideales Abendessen. Für ayurvedische Suppen brauchen Sie keine Brühwürfel – etwas Ghee, mit Gewürzen aromatisiert, ist eine frische und wohlschmeckende Basis für jede Gemüsesuppe. Reichen Sie die Suppe mit gekochtem Getreide, einem der hefefreien Fladenbrote (S. 70–73) oder mit köstlichen Waffeln (S. 139). Ist Ihnen dies zu aufwendig, toasten Sie ein leichtes Vollkornbrot, und essen Sie es zur Suppe.*

Zucchini-Basilikum-Cremesuppe

Für 4 Personen

Zubereitungszeit: ca. 25 Minuten

1 kg Zucchini V– P– K+

1 EL Ghee

675 ml heißes Wasser

½ TL gemahlener schwarzer Pfeffer

2 Msp. geriebener Muskat

½ TL Salz

1 Bund frisches Basilikum V– P+ K–

2–3 EL süße Sahne

♦ Die Zucchini waschen, putzen und grob würfeln. Ghee in einem großen Topf erhitzen und die Zucchiniwürfel darin etwa 5 Minuten braten.

♦ Das Ganze mit dem Wasser auffüllen, mit Pfeffer, Muskat und Salz würzen und 5 Minuten köcheln lassen.

♦ Die Basilikumblättchen von den Stielen zupfen, waschen und grob hacken. Sie zum Gemüse geben.

♦ Zum Schluß das Ganze pürieren und die Sahne darunterrühren.
(auf dem Foto: oben)

Karottensuppe mit Pfefferminze

Für 4 Personen

Zubereitungszeit: ca. 60 Minuten

750 g Karotten

1 cm frische Ingwerwurzel

½ frische, grüne Chilischote

1–2 EL Ghee

6 EL getrocknete rote Linsen

⅛ TL gemahlener schwarzer Pfeffer

⅛ TL Asa foetida

1 Msp. gemahlener Kardamom

500 ml heißes Wasser

5–7 frische Pfefferminzblätter

etwas Salz

etwas Zucker

♦ Die Karotten putzen, schälen und grob würfeln. Den Ingwer schälen und grob raspeln. Die Chilischote waschen, halbieren, entkernen und würfeln.

♦ Ghee in einem großen Topf erhitzen. Karotten, Linsen und Gewürze (mit Ausnahme der Pfefferminze) hinzugeben und alles anbraten.

♦ Anschließend das Wasser sowie die Minzblättchen dazugeben und die Suppe im offenen Topf bei schwacher Hitze in etwa 40 Minuten garkochen. Sie mit Salz und Zucker nach Belieben würzen.
(auf dem Foto: unten)

Karotten-Koriander-Creme

Für 4 Personen

Zubereitungszeit: ca. 35 Minuten

1 kg Karotten	V – P + K –
1 Bund frischer Koriander	V – P – K –
1 EL Ghee	
knapp 1 l heißes Wasser	
2 Msp. gemahlener schwarzer Pfeffer	
2 Msp. gemahlener Ingwer	
½ TL gemahlener Koriander	
2–3 EL süße Sahne	
½ TL Salz	

♦ Die Karotten putzen, schälen und grob würfeln. Den frischen Koriander waschen und grob hacken.

♦ Ghee in einem Topf erhitzen und die Karotten für etwa 4 Minuten darin rösten.

♦ Das Ganze mit dem heißen Wasser auffüllen, die Gewürze sowie das Korianderkraut dazugeben und alles in etwa 20 Minuten garkochen lassen.

♦ Die Suppe fein pürieren und die Sahne darunterrühren. Mit etwas Salz nach Belieben würzen.

Grüne Erbsensuppe

Für 4 Personen
Zubereitungszeit: ca. 30 Minuten

- 1–2 EL Ghee
- ½ TL gemahlener Kreuzkümmel
- ½ TL gemahlener Koriander
- ¼ TL gemahlener Ingwer
- ¼ TL gemahlener Gelbwurz
- 1 Msp. gemahlene Nelken
- 1 Msp. Asa foetida
- ¼ TL gemahlener schwarzer Pfeffer
- 1 Msp. geriebener Muskat
- 500 g frische grüne Erbsen
- 380 ml heißes Wasser
- 1 kleiner Bund Kerbel
- 1 kleiner Bund Petersilie
- 1 TL Zitronensaft
- etwas Salz
- 100 g süße Sahne

♦ Ghee in einem großen Topf erhitzen und die gemahlenen Gewürze kurz darin rösten.

♦ Die Erbsen dazugeben, das Ganze mit dem heißen Wasser auffüllen und in etwa 15 Minuten garkochen.

♦ Die Kerbel- sowie die Petersilienblättchen von den Stielen zupfen, waschen und zusammen mit dem Zitronensaft sowie dem Salz unter die Erbsen rühren.

♦ Alles fein pürieren. Die Sahne steifschlagen und unter die Erbsensuppe ziehen.

Joghurtsuppe mit Minze

Für 4 Personen

Zubereitungszeit: ca. 30 Minuten

500 g Vollmilchjoghurt (S. 125)
2 EL Kichererbsenmehl
½ frische grüne Chilischote
1 kleiner Bund Pfefferminze
1–2 EL Ghee
etwas Salz
1 TL brauner Rohrzucker
1 TL ganzer Kreuzkümmel
½ TL gemahlener Kreuzkümmel
¼ TL gemahlener Gelbwurz
⅛ TL gemahlene Nelken
⅛ TL Asa foetida
½ TL Bockshornkleeblätter
380 ml heißes Wasser

♦ Joghurt und Kichererbsenmehl in einer Schüssel sorgfältig verrühren. Die Chilischote waschen, längs halbieren, entkernen und fein hacken. Die Pfefferminze waschen, die Blättchen von den Stielen zupfen und fein hacken.

♦ Ghee in einem Topf erhitzen, den Zucker sowie die Gewürze (außer Salz und Minze) hinzugeben und darin rösten. Nun den Joghurt darunterrühren, das Ganze mit dem heißen Wasser auffüllen, die gehackte Minze dazugeben und alles unter Rühren aufkochen lassen.

♦ Anschließend die Suppe mit Salz und Pfeffer nach Belieben würzen.
(auf dem Foto: oben)

Dal-Suppe

Für 4 Personen

Zubereitungszeit (je nach verwendeter Hülsenfruchtsorte): ca. 40–180 Minuten

evtl. Quellzeit: über Nacht (bei Erbsen und Bohnen)

150 g halbierte, getrocknete Hülsenfrüchte (Linsen, Erbsen, Bohnen)
2 EL Ghee
1 TL VATA- oder PITTA-Churna oder
½ TL KAPHA-Churna
etwas Salz
etwas gemahlener schwarzer Pfeffer
ca. 1 l heißes Wasser

♦ Die Hülsenfrüchte sehr gründlich waschen und eventuell über Nacht in reichlich Wasser einweichen. Ghee in einem Topf erhitzen und die Gewürzmischung (Churna) darin kurz rösten.

♦ Die Hülsenfrüchte sowie das heiße Wasser hinzufügen und das Ganze so lange kochen, bis das Dal sehr weich ist und alles eine suppige Konsistenz hat.

♦ Nach Belieben mit Salz und Pfeffer pikant abschmecken und vor dem Servieren kurz pürieren.
(auf dem Foto: unten)

Variation

Wenn die Hülsenfrüchte weichgekocht sind, können Sie geraspelte Gemüse oder feingeschnittene Kräuter hinzufügen und das Ganze noch 10 Minuten weiterköcheln.

Milchreis mit Safran

Für 4 Personen

Zubereitungszeit: ca. 50 Minuten

1 TL Ghee

100 g Basmatireis oder Milchreis V– P– K+

6 EL brauner Rohrzucker

1 ½ l Milch V– P– K+

1 Prise Safranpulver V– P– K–

♦ Ghee in einem großen Topf erhitzen. Reis, Zucker sowie Milch dazugeben und unter ständigem Rühren aufkochen lassen.

♦ Den Safran hinzufügen und den Reis bei geringer Hitze in etwa 45 Minuten zugedeckt sehr weich kochen. Es soll ein dickflüssiger Brei entstehen.

Tip

Sollte der Milchreis zu dickflüssig sein, können Sie noch etwas Milch hinzufügen.

Hinweise

♦ Dieses Abendessen ist ideal für Menschen mit viel VATA und PITTA.

♦ Reis, Milch und Safran sind sehr sattvische Lebensmittel.

Pikanter Getreidebrei

Für 4 Personen

Zubereitungszeit: ca. 10 Minuten

1–2 Zucchini

500 g Karotten

1 l Wasser

150 g Dinkelgrieß V– P– K+

1–2 EL Ghee

1 TL VATA- oder PITTA-Churna
oder ½ TL KAPHA-Churna

1 EL feingehackte Küchenkräuter
(Petersilie, Kerbel, Basilikum etc.)

♦ Die Zucchini putzen, waschen und grob raspeln. Die Karotten putzen, schälen und ebenfalls raspeln.

♦ Wasser sowie Dinkelgrieß in einen großen Topf geben und unter Rühren erhitzen.

♦ Anschließend das Ghee, die Gewürze sowie das Gemüse dazugeben und kurz aufkochen lassen. Dann das Ganze bei geringer Hitze etwa 5 Minuten quellen lassen.

♦ Zum Schluß die Küchenkräuter daruntermischen und den Brei servieren.

Einfaches Khitchery

Für 4 Personen

Zubereitungszeit: ca. 1 ¼ Stunden

100 g Basmatireis
100 g getrocknete gelbe Mung-Linsen
460 ml kaltes Wasser
1 EL Ghee
¼ TL gemahlener Kreuzkümmel
¼ TL gemahlener Koriander
¼ TL gemahlener Ingwer
etwas Salz

♦ Reis sowie Linsen waschen und für etwa 60 Minuten in dem kalten Wasser einweichen.

♦ Ghee in einem großen Topf erhitzen und die Gewürze kurz darin rösten.

♦ Den Reis sowie die Linsen zusammen mit dem Einweichwasser zu den Gewürzen geben und in etwa 30 Minuten im offenen Topf sehr weich kochen. Es soll ein Brei entstehen. Ist dieser zu dickflüssig, noch etwas Wasser hinzufügen.

♦ Zum Schluß das Khitchery nach Belieben mit Salz abschmecken.

Variation

Sie können ein Khitchery auch aus anderen Hülsenfrüchten, zum Beispiel aus gelben Erbsen, grünen Mung-Bohnen oder Urid-Linsen, zubereiten.

Khitchery mit Gemüse

Für 4 Personen	
Zubereitungszeit: ca. 1 ½ Stunden	

100 g Basmatireis
100 g getrocknete gelbe Linsen
1 EL Ghee
1 Msp. Asa foetida
¼ TL ganzer Kreuzkümmel
½ cm frische Ingwerwurzel
½ TL Bockshornkleeblätter
¼ TL gemahlener Koriander
ca. 1 l heißes Wasser
1 kleine Zucchini
etwas Salz

♦ Den Reis sowie die Linsen waschen und für etwa 30 Minuten in kaltem Wasser einweichen. Anschließend die Flüssigkeit abgießen.

♦ Ghee in einem großen Topf erhitzen und die Gewürze kurz darin rösten.

♦ Den Reis sowie die Linsen hinzufügen und unter Rühren leicht anbraten. Das Ganze mit dem heißen Wasser auffüllen und aufkochen lassen.

♦ Die Zucchini waschen, putzen, kleinschneiden und zu den Hülsenfrüchten geben.

♦ Den Eintopf etwa 60 Minuten kochen lassen. Sollte er zu sehr eindicken, noch etwas Wasser hinzufügen. Zuletzt etwas salzen.

Exotische Gemüse-Reis-Pfanne

Für 4 Personen
Zubereitungszeit: ca. 1 Stunde

1 Tasse Basmatireis
3 Tassen kaltes Wasser
1–2 Karotten
50 g grüne Bohnen
2 Scheiben frische Ananas (ohne Schale)
1 reife Mango
1 Apfel
2 frische, grüne Chilischoten
1 TL frische Ingwerwurzel
1 EL Kokosflocken
1 EL Kokosmilchpulver
¼ TL Asa foetida
1 TL Mohnsamen
1–2 TL Korianderkörner
3 TL Cashewkerne
1–2 EL Ghee
2 TL Rosinen
2 Nelken
¼ TL gemahlener Kardamom
¼ TL gemahlener Zimt
etwas Salz

♦ Den Reis waschen und für etwa 20 Minuten in dem kalten Wasser einweichen. Ihn anschließend 2 bis 3 Minuten kochen lassen, vom Herd nehmen und ausquellen lassen.

♦ Die Karotten putzen, schälen und in längliche Streifen schneiden. Die grünen Bohnen putzen, waschen und ebenfalls in Streifen schneiden. Die Ananas würfeln, die Mango schälen, halbieren, das Fruchtfleisch vom Stein abschneiden und ebenfalls würfeln. Den Apfel schälen, vierteln, das Kerngehäuse herausschneiden und das Fruchtfleisch würfeln.

♦ Die Chilischoten waschen, längs halbieren, entkernen und grob hacken. Den Ingwer schälen und raspeln.

♦ Kokosflocken, Kokosmilchpulver, Ingwer, Chilischoten, Asa foetida, Mohnsamen, Korianderkörner und ein paar der Cashewnüsse zusammen pürieren.

♦ Ghee in einer großen Pfanne erhitzen. Die übrigen Nüsse, die Rosinen, die gemahlenen Gewürze sowie die Gewürzpaste hinzufügen und alles braten.

♦ Nun die Bohnen, die Karotten sowie den gegarten Reis dazugeben und für ein paar Minuten mitbraten.

♦ Die Hitzezufuhr verringern und die Früchte sowie etwas Salz darunterrühren. Das Ganze zugedeckt etwa 10 Minuten ziehen lassen.

Schnelle Gemüsepfanne

Für 4 Personen
Zubereitungszeit: ca. 30 Minuten

200 g Basmatireis
5 EL Ghee
etwas Salz
½ l Wasser
1 große Karotte
1 kleine Zucchini
¼ kleiner Weißkohl
½–1 TL KAPHA-Churna
einige Cashewkerne

♦ Den Reis waschen. 1 Eßlöffel Ghee in einer Pfanne erhitzen und den Reis darin rösten, bis er glasig ist. Etwas Salz sowie das Wasser hinzufügen. Das Ganze etwa 15 Minuten garen, bis der Reis die Flüssigkeit aufgenommen hat.

♦ Die Karotte sowie die Zucchini putzen, schälen und raspeln. Den Weißkohl waschen und in feine Streifen schneiden.

♦ 4 Eßlöffel Ghee in einer Pfanne erhitzen und das KAPHA-Churna darin kurz rösten. Dann das Gemüse sowie die Cashewkerne hinzufügen und das Ganze in etwa 10 Minuten garen.

♦ Anschließend den Reis unter das gegarte Gemüse rühren und die Gemüsepfanne mit Salz abschmecken.

Variation

Je nach Ihrem Konstitutionstyp oder nach der Jahreszeit können Sie auch ein anderes Dosha-Churna verwenden. Probieren Sie es einfach aus, und spüren Sie, wie gut es Ihnen tut.

Waffeln

Für 4 Personen

Zubereitungszeit: ca. 30 Minuten

Quellzeit: ca. 30 Minuten

75 g Kichererbsenmehl	V + P – K –
75 g Weizenmehl Type 405	
½ TL Asa foetida	V – P + K –
etwas Salz	
240 ml Wasser	
2 EL Ghee	

- Das Kichererbsenmehl in eine Schüssel sieben. Das Weizenmehl und alle übrigen Zutaten dazugeben und das Ganze zu einem dünnflüssigen Pfannkuchenteig verquirlen. Ihn etwa 30 Minuten quellen lassen.

- Ein Waffeleisen erhitzen und mit wenig Ghee bestreichen. Eine kleine Schöpfkelle Teig hineingeben. Das Waffeleisen schließen und den Teig ausbacken.

- Aus dem restlichen Teig portionsweise weitere Waffeln backen. Die fertiggebackenen Waffeln übereinanderstapeln und sie bis zum Servieren warmstellen.

Register

Rezeptverzeichnis

Im FALKEN Verlag sind viele attraktive Titel rund ums Thema „Essen und Trinken" erschienen.
Sie erhalten sie überall dort, wo es Bücher gibt.

Sie finden uns im Internet: **www.falken.de**

Die ayurvedischen Produkte können Sie über folgende Adresse bestellen:
MAHARISHI-AYURVED-PRODUKTE
SATTVA NATURKOST + VERSAND
Karin Seyfried
Am Berg 7
49143 Bissendorf
Tel. und Fax: 05402/8138 oder 7430

ISBN 3 8068 4867 X

Umschlaggestaltung: Peter Udo Pinzer
Layout: Hartmut Steinebrunner, Frankfurt/M.
Redaktion: Barbara Fleig
Gestaltung und Herstellung: Petra Zimmer
Umschlagfotos: vorne: Brigitte Harms, Hamburg (Kapuzinerkresse) und TLC-Foto-Studio GmbH, Velen-Ramsdorf (Ingwerknolle und Currypulver); hinten: TLC-Foto-Studio GmbH, Velen-Ramsdorf (Blumenkohl-Rosinen-Curry, Rezept S. 103)
Rezeptfotos: TLC-Foto-Studio GmbH, Velen-Ramsdorf
Weitere Fotos im Innenteil: Bildarchiv Huber, Garmisch-Partenkirchen: S. 8 (Dolder) und 20 (Zoom); **Bildagentur IPO,** Linsengericht: S. 9 und 30; **hapo naturfotografie:** S. 28 / 29 o. und 38; **Gisela Kelbert,** Idstein: S. 13; **Reinhard-Tierfoto,** Heiligkreuzsteinach-Eiterbach: S. 14 / 15 und 22 o.; **H. J. Schwarz,** Idstein: S. 4, 5 o., 10, 18 u., 32, 35, 40, 45 und 141; **Silvestris Fotoservice,** Kastl / Obb.: S. 12 (FLPA), 23 (Uwe Lochstampfer), 24 (Telegraph Colour) und 31 (Wagner); **TLC-Foto-Studio GmbH,** Velen-Ramsdorf: S. 7, 56, 57 Mi., 58 Mi., 59, 61, 62 Mi., 63 u., 65, 66 Mi., 67 u., 68 Mi., 69 u., 71 u., 72 Mi., 75 u., 76 Mi., 77 u., 79, 80 u., 81 Mi., 82, 85 Mi., 85 u. re., 86 u., 87 Mi., 88 Mi., 89 o., 90, 92 u., 94 u., 95 o., 96 u., 97 u., 99, 100 o., 101 o., 103 u., 104, 106 u., 107 u., 109, 110, 112 u. li., 112 u. re., 113 u., 114 Mi., 115 u., 116 li., 116 Mi., 119, 121 u., 123 Mi., 124 u., 125 Mi., 126 u., 127, 129, 130 u. li., 130 u. re., 131 u., 132, 134 Mi., 135 u., 136 o., 137 Mi., 139 u., 140 und 143; **FALKEN Archiv: M. Brauner:** S. 17 Mi. li. o. und 36 li. / **Eichler + Hoffmann:** S. 39 / **W. Feiler:** S. 36 re. / **B. Harms:** S. 1, 55 und 142 / **Hesselmann:** S. 11 / **U. Kopp:** S. 42 und 43 / **G. Röhn:** S. 47 / **R. Schmitz:** S. 33 / **TLC:** S. 5 u., 16, 17 u. li., 26, 27, 29 u. re., 34, 37, 41 u., 44 u., 48, 49, 50 und 51 / **M. Wissing:** S. 17 Mi. re., 18 o. und 46
Zeichnungen: David Barclay, Usingen

Satz: FALKEN Verlag, Niedernhausen/Ts.
Gesamtkonzeption: FALKEN Verlag, D-65527 Niedernhausen/Ts.

817 2635 4453